AF308246

Ralf Schönbach

Die Entnazifizierung in Remscheid

Eine Dokumentation auf der Grundlage der relevanten Aktenbestände

Bibliografische Information der Deutschen Nationalbibliothek: Die Deutsche Nationalbibliothek verzeichnet diese Publikation in der Deutschen National-bibliografie; detaillierte bibliografische Daten sind im Internet über http://dnb.dnb.de abrufbar.

Herstellung und Verlag: BoD – Books on Demand, Norderstedt
ISBN: 978-3748171850

INHALTSVERZEICHNIS

Vorwort

*Ich rede mit Ihnen, Herr Oberbürgermeister, im Auftrage der ameri-
kanischen Armee [...] und fordere Sie hiermit auf, Ihre Stadt zu
übergeben. Weiterer Widerstand ist wahnsinnig. Panzer und Geschütze
sind zum Angriff bereit, und Sie können nur noch erwarten, daß die
ganze Stadt in Trümmer gelegt wird. [...] Sind Sie zur Übergabe bereit?*[1]

Oberbürgermeister Ludwig Kraft, an den im Rahmen eines
Telefonats mit einem Beauftragten des Kommandanten der sich
nähernden amerikanischen Truppe diese Aufforderung gerichtet wurde,
war dazu bereit. Mit der kampflosen Übergabe der Stadt Remscheid am
15. April 1945 begann hier bereits die Nachkriegsgeschichte und damit
auch das Kapitel der Entnazifizierung.

Der vorliegende Text ist meine Magisterarbeit aus dem Jahre 1994, in
der zum ersten Mal die Entnazifizierung in Remscheid grundlegend
untersucht wurde. Wenn auch die Berücksichtigung anderer Fach-
literatur veraltet ist, so sind doch meine eigenen Untersuchungen an dem
relevanten Aktenbestand weiterhin aktuell. Daher nutze ich die
modernen Möglichkeiten des Book on Demand, meine Arbeit verfügbar
zu halten, und hoffe weiter, dass vor allem interessierte Remscheider sie
mit Gewinn zur Kenntnis nehmen werden.[2]

Für die damalige freundliche Beratung und Hilfe beim Zugang zu den
Quellen bin ich Herrn Dr. Klefisch vom Hauptstaatsarchiv Düsseldorf
und den Mitarbeitern des Stadtarchivs Remscheid unter Leitung von
Herrn Dr. Diederichs zu Dank verpflichtet.

---

[1] Zitiert nach einem Bericht in StaRs D100-1. Vgl. auch: *Verwaltungsbericht der Stadt
Remscheid 1945–1947.* Remscheid 1949, S.2.

[2] Eine Kurzfassung meiner Arbeitsergebnisse erschien bereits 1995: Ralf Schönbach: *„Zu
dem System der heutigen Entnazifizierung habe ich kein Vertrauen?!" – Die Entnazifizierung
in Remscheid.* In: Michael Mahlke (Hg.): *Remscheid in der Zeit des Nationalsozialismus.*
RGA-Buchverlag, Remscheid 1995, S.170-190.

1. Einleitung

1.1. Begriffsdefinition[3]

Der Begriff „Entnazifizierung", eine Übersetzung des amerikanischen „denazification"[4], kann in einem allgemeinen und in einem speziellen Sinn Verwendung finden. Zum einen kann er die politische Säuberung an sich und damit sämtliche Maßnahmen bezeichnen, die von den alliierten Besatzungsmächten und deutschen Stellen nach dem Krieg getroffen worden sind, um den Nazismus auszurotten. Diese Maßnahmen reichten von legislativen Akten – wie dem Außerkraftsetzen der Nürnberger Gesetze und anderer nationalsozialistischer Gesetzeswerke – bis hin zu strafrechtlichen Maßnahmen gegen führende Nationalsozialisten und Kriegsverbrecher.

In der folgenden Untersuchung soll die andere, speziellere Verwendungsweise des Begriffs „Entnazifizierung" benutzt werden. Entnazifizierung meint dann das Fernhalten belasteter Personen vom politischen und wirtschaftlichen Leben in einem mit einem Fragebogen durchgeführten Verfahren der politischen Gesinnungsprüfung.

1.2. Zur Aufgabenstellung

Entnazifizierung in dem hier verwendeten Sinn fand in Deutschland von der Besetzung bis zum Anfang der 50er Jahre statt. Dabei ist grundsätzlich festzustellen, dass das Entnazifizierungsverfahren in den drei westlichen Besatzungszonen Deutschlands unterschiedlich gehandhabt wurde. Aber auch innerhalb der Besatzungszonen gab es regionale Unterschiede. Diese resultierten in der britischen Zone daraus, dass die

---

[3] Vgl. Krüger, Wolfgang: *Entnazifiziert! Zur Praxis der politischen Säuberung in Nordrhein-Westfalen.* Wuppertal 1982, S.19.

[4] Vgl. Bachof, Otto: *Die „Entnazifizierung".* In: Flitner, Andreas (Hg.): *Deutsches Geistesleben und Nationalsozialismus.* Tübingen 1965, (S.195–216), S.195. In der zeitgenössischen Diskussion war auch die direkte Übernahme „Denazifizierung" durchaus gebräuchlich. Vgl. z.B. Knappstein, Karl Heinrich: *Die versäumte Revolution. Wird das Experiment der „Denazifizierung" gelingen?*, in: Die Wandlung 2 (1947) H.8, S.663–677, oder Kogon, Eugen: *Das Recht auf den politischen Irrtum.* In: Frankfurter Hefte 2 (1947), S.641–655.

erlassenen Verordnungen immer wieder überarbeitet und ergänzt wurden und auf ganz unterschiedlichen Wegen und zu verschiedenen Zeiten bei den ausführenden Stellen anlangten.[5]

Die vorliegende Untersuchung hat es sich zur Aufgabe gemacht, die Grundlagen einer Geschichte der Entnazifizierung in Remscheid zu erarbeiten. Es soll die Frage im Mittelpunkt stehen, wann und auf welche Weise die Entnazifizierung in Remscheid betrieben worden ist. Fragen weitergehender Natur – etwa nach den letztendlichen Folgen der Entnazifizierung und damit nach ihrer Bewertung – bedürfen eigener Untersuchungen und können daher nur vorläufig beantwortet werden.

Im Anschluss an diese Einleitung wird im zweiten Kapitel die Chronologie der Entnazifizierung in Remscheid nachgezeichnet. Dieser Abschnitt schließt mit dem Versuch, aus den nur unvollständig überlieferten Statistiken Zahlen zu gewinnen, die Aufschluss über den Umfang und die Tendenz der Entnazifizierung in Remscheid geben.

Das dritte Kapitel zeigt Probleme des Entnazifizierungsverfahrens im Einzelnen auf. Dabei werden in 3.1. zunächst die Arbeitshindernisse dargestellt, die zu einer Verlangsamung der Arbeit führten. Die Punkte 3.2. und 3.3. behandeln anhand von Fallbeispielen Differenzen unter den Ausschussmitgliedern bzw. die Problematik von Korruption und Begünstigung. Das Kapitel 3.4. über die Beurteilung der Fälle zeigt zunächst die Praxis der Entlastung und Belastung durch Zeugen bzw. schriftliche Zeugenerklärungen und deren Missbrauch auf. Sodann wird versucht, einige für die Entscheidungen in den Verfahren wichtige Beurteilungskriterien und ihre Veränderung anhand von Fallbeispielen zu rekonstruieren.

In 3.5. werden exemplarische Fälle der Entnazifizierung vorgestellt. Der Fall eines Hauptwachtmeisters im Strafvollzug führt nicht nur den bürokratischen Verlauf in aller Ausführlichkeit vor Augen und lässt den Wandel der Beurteilungskriterien sichtbar werden, sondern offenbart auch die Probleme der Beurteilung einer Entnazifizierungsakte aus heutiger Sicht. Der Wandel der Beurteilungskriterien lässt sich ebenso

---

5 Vgl. Krüger a.a.O. S.15 und Lange, Irmgard: *Entnazifizierung in Nordrhein-Westfalen. Richtlinien, Anweisungen, Organisation.* Siegburg 1976. [= Veröffentlichungen der Staatlichen Archive des Landes Nordrhein-Westfalen, hg. vom Hauptstaatsarchiv Düsseldorf, Reihe C, Bd.2], S.5.

am Beispiel der Entnazifizierung einer ganzen Berufsgruppe, nämlich der bei den Behörden Beschäftigten, ablesen. Ferner wird deutlich, wie sich die Entnazifizierung auf die Arbeitsplatzsituation der (potentiell) Betroffenen auswirken konnte.

Das Kapitel 3.6. unterzieht die damalige öffentliche Meinung einer kurzen Analyse, soweit es die missliche Quellenlage erlaubt. Neben der zeitgenössischen Presse und den Ergebnissen einer Meinungsumfrage werden die im Stadtrat vertretenen Ansichten und das Verhältnis der KPD zur Entnazifizierung dargestellt. Im Gegensatz zu den anderen Parteien war die KPD von Beginn an der Praxis der Entnazifizierung gegenüber skeptisch eingestellt. Die Gründe hierfür geben noch einmal wertvolle Hinweise auf die Probleme der Entnazifizierungspraxis.

Zum Abschluss sollen wichtige Ergebnisse der Untersuchung genannt und ein Ausblick auf Anknüpfungspunkte für weitere Forschungen gegeben werden. Im Anschluss an das Quellen- und Literaturverzeichnis wird zur Illustration im Anhang eine Reihe von Dokumenten beigegeben, auf die im Text an passender Stelle hingewiesen wird.

1.3. Die Materiallage

1.3.1. Quellen

Die Quellenlage gestaltet sich in Beziehung auf die Entnazifizierung nicht einfach. Die Akten der Militärregierung sind inzwischen zugänglich, befinden sich aber in England.[6] Die Akten der deutschen Ausschüsse in Remscheid liegen zum größten Teil im Hauptstaatsarchiv Düsseldorf.[7] Sie sind unterteilt in Generalia und Personalia.

---

[6] Auskunft von David Thompson, der sich im Rahmen seiner Dissertation *The Remscheid Workers' Movement from 1914 to 1945*, Warwick 1983, zu einer Zeit um den Zugang zu diesen Akten bemüht hat, als dieser noch nicht möglich war.

[7] Vgl. das Quellen- und Literaturverzeichnis am Ende dieser Arbeit. Erst 1964/65 haben die sechs Bezirksregierungen des Landes Nordrhein-Westfalen ihre Akten an das Hauptstaatsarchiv abgeliefert. [Vgl. Lange a.a.O. S.2.] Im Kontingent des Regierungsbezirks Düsseldorf befanden sich auch die Remscheider Akten. [Zur Zusammenlegung der Entnazifizierungsausschüsse und damit zum Weg, den die Remscheider Akten nahmen, vgl. unten Kap. 2.4.3.]

Die Personalia sind in zwei Gruppen alphabetisch nach Namen geordnet.[8] Bei der Einsicht in die Akten stellte sich heraus, dass zum einen diese Ordnung nicht mehr zuverlässig besteht und zum anderen ein hoher Prozentsatz der Akten im Bestand fehlt.[9]

Wegen der ungewöhnlichen Anordnungsweise der Remscheider Personalia ergibt sich die ungewöhnliche Situation, dass eine genaue Quellenangabe bei Zitierung nicht möglich ist. Der Name des Betroffenen, unter dem die Akte aufzufinden ist, darf aufgrund von Datenschutzbestimmungen nicht genannt werden. Generell mussten daher Informationen über eine Person, die nicht schon durch eine gedruckte Quelle bekannt sind, anonymisiert werden.

Im Stadtarchiv Remscheid befinden sich im Bestand des Besatzungs- bzw. Verbindungsamtes[10] ebenfalls Entnazifizierungsakten. Regelrechte Personenakten gibt es in diesem Bestand allerdings nicht.

Zum Umgang mit den Quellen ist zu sagen, dass grobe Rechtschreib- und Zeichensetzungsfehler in den zitierten Quellen korrigiert wurden. Die Häufigkeit solcher Fehler hätte die Lesbarkeit erheblich erschwert, zumal korrekterweise jeweils ein Hinweis hätte angebracht werden müssen, dass der Fehler so in der Vorlage stand und nicht dem Autor dieser Arbeit zuzuschreiben ist.

---

[8] Vgl. *Findbuch Entnazifizierung* Bd.1, S.130. HastaD Sign.: 412.01.1.

[9] Eine Aussage darüber, wie vollständig der Personalia-Aktenbestand Remscheid ist, kann ich nicht machen, da ich als Benutzer jede einzelne Akte bestellen musste, ein Durchzählen im Rahmen meiner Tätigkeit also kaum denkbar war. Es steht aber fest, dass die Bestandsdichte sehr unterschiedlich sein kann. Wolfgang Krüger hat z.B. im Bestand des Regierungsbezirksausschusses Arnsberg von 18805 registrierten Personalakten nur 3585 aufgefunden, von den Akten des Regierungsbezirksausschusses Düsseldorf dagegen fehlten nur 313. Vgl. Krüger a.a.O. S.17.

[10] Das städtische Besatzungsamt wurde bereits am 20. April 1945, fünf Tage nach der Besetzung Remscheids, auf Anordnung des kommissarischen Bürgermeisters eingerichtet. Es besorgte den gesamten Schriftverkehr der Stadtverwaltung mit der Militärregierung. Die Leitung übernahm der stellvertretende Verwaltungsdirektor Remscheids. [Vgl. die Einrichtungsverfügung in StaRs D100-8.] Auf Anweisung der Militärregierung wurde es ab 1. Juli 1945 in „Verbindungsamt" umbenannt. [Vgl. *Findmittel zum Bestand D* (Akten der Stadt Remscheid seit 1945) im StaRs.]

1.3.2. Literatur

Es existiert bisher nur ein dreispaltiger Kalenderartikel, der sich mit der Entnazifizierung in Remscheid beschäftigt. Aufgrund des geringen Raumes hat der Autor dieses Artikels das Thema nur ganz allgemein behandeln können.[11] Anke Naumann und Inge Marßolek, deren Arbeiten noch am ehesten Raum für das Thema geboten hätten, haben auf seine Behandlung verzichtet.[12]

Während die vorliegende Arbeit also in Bezug auf Remscheid gewissermaßen bei Null anfängt, liegen doch zum Thema Entnazifizierung allgemein eine ganze Reihe von Studien vor.[13] Die Sichtung sämtlicher greifbarer Arbeiten ergab allerdings, dass die meisten davon keine Relevanz für die Fragestellung der vorliegenden Untersuchung hatten. So erklärt sich der Umfang des Sekundärliteraturverzeichnisses am Ende dieser Arbeit.

Die wichtigsten Arbeiten für Nordrhein-Westfalen sind die Quellenedition von Irmgard Lange und das Buch von Wolfgang Krüger[14], auf die ich mich daher immer wieder beziehen werde. Untersuchungen zur Entnazifizierung einzelner Orte oder Kreise Nordrhein-Westfalens liegen nur wenige vor.[15]

---

[11] Vgl. Thompson, David: *Entnazifizierung in Remscheid.* In: Leben und Arbeiten früher in Remscheid. Kalender 1991, Remscheid 1990.

[12] Vgl. Naumann, Anke: *Kommunale Handlungsmöglichkeiten und städtische Aufbaupolitik in den ersten Nachkriegsjahren. Das Beispiel von Remscheid 1945–1948.* Magisterarbeit, Bochum 1993, und: Marßolek, Inge: *Arbeiterbewegung nach dem Krieg (1945–1948) am Beispiel Remscheid, Solingen, Wuppertal.* Frankfurt/M und New York 1983.

[13] Eine Rezension der wichtigsten bis 1979 erschienenen Untersuchungen aus der Sicht der politischen Linken nimmt Wilma Albrecht vor. Vgl. Albrecht, Wilma: Die Entnazifizierung. In: Neue Politische Literatur 24 (1979) H.1, S.73–84.

[14] Bibliographische Angaben im Literaturverzeichnis.

[15] So für Lünen: Lübke, Detlef: *Entnazifizierung in Lünen.* In: Niklowitz, Fredy und Wilfried Heß (Hg.): *Lünen 1918–1966. Beiträge zur Stadtgeschichte.* Lünen 1991, S.523–554. Für den Landkreis Herford: Sahrhage, Norbert: *„Entnazifizierung" und „Wiedergutmachung". Das Umgehen mit nationalsozialistischen Tätern und jüdischen Opfern im Landkreis Herford nach 1945.* In: *Opfer und Täter. Zum nationalsozialistischen und antijüdischen Alltag in Ostwestfalen-Lippe.* Hg. im Auftrag der Gesellschaft für christlich-jüdische Zusammenarbeit. Bielefeld 1990, S.203–234. Für Wuppertal: Wolff,

2. Die Phasen der Entnazifizierung in Remscheid

Für Remscheid lassen sich drei Phasen der Entnazifizierung unterscheiden. Die erste Phase umfasst den Zeitraum von der Besetzung im April 1945 bis 1946, in dem die Amerikaner und danach die Briten das Verfahren allein abwickelten. In der zweiten Phase wurden ab April 1946 deutsche Ausschüsse mit beratender Funktion eingerichtet, die unter der Aufsicht der Militärregierung arbeiteten. In der dritten Phase, die in Remscheid von Ende Dezember 1947 bis zur Auflösung der Remscheider Ausschüsse im April 1949 reicht, ging schließlich die Verantwortung für die Arbeit dieser Ausschüsse in die Hände des Landes Nordrhein-Westfalen über, das einen Sonderbeauftragten für Entnazifizierung[16] einsetzte.

2.1. Phase 1: Maßnahmen der Besatzungsbehörden

2.1.1. Die Maßnahmen der Amerikaner

Am 15. April 1945 wurde die Stadt Remscheid von den heranrückenden amerikanischen Truppen besetzt. In dem schon im Vorwort zitierten Bericht über die Übergabe der Stadt findet sich mit der Absetzung des nationalsozialistischen Oberbürgermeisters die erste Maßnahme politischer Säuberung dokumentiert:

> *Nach Begrüßung und Orientierung über die Lage des Rathauses [...] fragte er [der amerikanische Major, R.S.], wer der Oberbürgermeister der Stadt sei. Der Oberbürgermeister antwortete, daß er dieses sei. Der Major fragte weiter, wie lange er Mitglied der NSDAP sei. Der Oberbürgermeister erwiderte, er sei dieses seit dem Jahre 1928. Daraufhin erklärte der Major, dann könne er nicht länger in seinem Amte sein und die Stadt leiten. Der Major erkundigte sich weiter bei dem Stadtrat zur*

Eberhard: *Entnazifizierung in Wuppertal. Ein Beitrag zur Durchführung der Entnazifizierung in der Britischen Zone.* Schriftliche Hausarbeit im Rahmen der Staatsprüfung für das Lehramt Sek. I. Wuppertal 1977. [Im HastaD Sign.: 77/535]

[16] Dieser Sonderbeauftragte für Entnazifizierung ist gemeint, wenn künftig vom „Sonderbeauftragten" die Rede ist.

Schon drei Tage später erhielt der neue kommissarische Oberbürgermeister[18] detaillierte „Vorschriften für die Spitzen der deutschen Kommunal- und Regierungsbehörden“[19], die ihn unter anderem dafür verantwortlich machten, Erlasse der Militärregierung in Bezug auf „die Ausrottung des Nationalsozialismus, des national-sozialistischen Beamtentums, der Helfershelfer und aller militaristischen Tendenzen“[20] auszuführen. Unter Punkt sechs wurde er angewiesen, „für die Verteilung der Personal-Fragebögen an alle Beamten und öffentlichen Angestellten [zu] sorgen, ebenso für die Ablieferung der vollständig und richtig ausgefüllten Fragebögen innerhalb der dreitägigen Frist.“[21] Damit wurde in Remscheid die Entnazifizierung mittels Fragebogenüber-prüfung also bereits von der amerikanischen Militärverwaltung eingeleitet.

Eine weitere Maßnahme politischer Säuberung wurde von den Amerikanern verfügt. Am 30. April 1945 wurde der Oberbürgermeister angewiesen, „unverzüglich eine tatkräftige Aktion einzuleiten, um die aus der Zeit vor der amerikanischen Besatzung noch in der Öffent-lichkeit vorhandene Nazipropaganda zu beseitigen.“[22] Am 3. Mai wurde die Verfügung der Militärregierung in einem Rundschreiben an sämtliche Behörden weitergegeben, die damit dazu angehalten wurden, „alle diesbezüglichen gedruckten Schilder entfernen oder vernichten und alle gegenwärtig noch angebrachten Anschläge, gemalte Schilder oder

---

[17] StaRs D100-1. Vgl. auch: *Verwaltungsbericht der Stadt Remscheid 1945–1947.* Remscheid 1949, S.2.

[18] Zur Hellen wurde mit Wirkung vom 29. Mai 1945 von der Militärregierung offiziell als Oberbürgermeister eingesetzt, womit die Bezeichnung „kommissarisch“ entfiel. Vgl. Notiz „Zur Aufnahme in das Mitteilungsblatt“ vom 29. Mai 1945 in StaRs D100-10.

[19] StaRs D100-1.

[20] Ebd.

[21] Ebd.

[22] Vgl. StaRs D100-74.

andere überholte Symbole des Nazismus abreißen oder beseitigen zu lassen."[23] Im Laufe des Monats meldeten die verschiedenen Stellen den Vollzug der Anordnung.[24]

2.1.2. Der Fragebogen

Der von den Alliierten zunächst verwendete Fragebogen[25] bestand aus vier Seiten, auf denen nach der Angabe von persönlichen Daten Fragen über eine ehemalige Mitgliedschaft in der NSDAP und anderen NS-Organisationen beantwortet werden mussten. Gefragt wurde nach der Dauer der Mitgliedschaft und nach den Ämtern, die die betreffende Person innegehabt hatte. Weiter waren Dienstverhältnisse und Einkommen seit 1930 aufzulisten. Hierdurch sollten Nutznießer des Systems aufgespürt werden. Weitere Fragen galten dem geleisteten Militärdienst und Auslandsreisen. Verfolgte des Nationalsozialismus sollten die erlittenen Nachteile aufzählen.

Anfang 1946 wurde dieser vierseitige Fragebogen durch einen zwölfseitigen ersetzt, auf dem 133 Fragen zu beantworten waren. Die Erweiterung betraf zunächst die persönlichen Angaben. Nun wurde auch nach Größe, Gewicht und Haarfarbe, nach Religionszugehörigkeit, Adelstiteln etc. gefragt. Zum Militärdienst, zu der Mitgliedschaft in NS-Organisationen und zu anderen Punkten mussten jetzt detailliertere Angaben gemacht werden. Ein neuer Abschnitt bezog sich auf die Berufsausbildung, weitere Fragen darauf, ob die Befragten in den Besitz von Vermögen der Verfolgten des Naziregimes gelangt war.

Die Fragen beider Fassungen des Fragebogens waren in deutscher und in englischer Sprache abgedruckt. Die englische Version war maßgeblich. Die Betroffenen hatten den Fragebogen in zweifacher Ausfertigung abzugeben. Ein Zeuge, in der Regel der Vorgesetzte, hatte die Richtigkeit der Unterschrift sowie der Angaben nach bestem Wissen und Gewissen zu bescheinigen.

---

[23] StaRs D100-10.

[24] Vgl. StaRs D100-74.

[25] Zum Fragebogen vgl. Lange a.a.O. S.42f und S.420–445. Vgl. auch den Fragebogen aus den Remscheider Akten im Anhang (I a-d).

Die zweite Form des Fragebogens wurde bis zum Ende der Entnazifizierung verwendet. Lediglich die Fragen 108 und 109, die sich auf die Partei bezogen, die der jeweilige Befragte im November 1932 bzw. März 1933 gewählt hatte, wurden mit Anweisung vom 11. Juli 1947 gestrichen.[26] Der Grund für diese Maßnahme ist nicht bekannt.[27] In Remscheid erhielten die deutschen Ausschüsse die entsprechende Anweisung erst etwa fünf Wochen später mit Schreiben vom 20. August 1947 durch die örtliche Militärregierung.[28] Damit wird deutlich, wie lang der Weg bis zur Ebene der Ausführenden sein konnte.

2.1.3. Die Entnazifizierung durch die Briten

Am 24. Mai 1945 lösten britische Einheiten mit der Übernahme des Kommandos durch Lieutnant-Colonel Barker die Amerikaner als Besatzungsmacht in Remscheid ab.[29] Mit der Bearbeitung der Fragebögen wurde die Abteilung „Public Safety Special Branch" (PSSB)[30] beauftragt.

Einer der grundsätzlichen Unterschiede zwischen der Praxis der britischen und der amerikanischen Besatzungszone ist für das Verständnis der folgenden Ausführungen wichtig und darf nicht aus den Augen verloren werden: Eine allgemeine Entnazifizierungspflicht bestand in der britischen Zone nicht.[31] Die Briten wollten alle Personen überprüfen, die einem Beruf nachgingen und darin bestimmte „leitende Positionen" innehatten oder sich um solche bewarben. Überprüft wurde aber auch, wer zum Beispiel in einem Verein ein Amt übernehmen wollte.

---

[26] Vgl. Lange a.a.O. S.445f.

[27] Vgl. Krüger a.a.O. S.36. Vermutlich war es die Tatsache, dass die Antworten nicht überprüfbar waren, die zur Streichung der Fragen führte.

[28] Vgl. StaRs D100-99.

[29] Vgl. *Verwaltungsbericht der Stadt Remscheid 1945–1947.* Remscheid 1949, S.12.

[30] Die Public Safety Branch wurde im Juli 1944 ins Leben gerufen und war damit eine der ersten Organisationen innerhalb der britischen Abteilung in der Kontroll-kommission. Vgl. Jones, Jill: *Eradicating Nazism from the British Zone of Germany: Early Policy and Practice.* In: German History 8 (1990) H.2, (S.145–162), S.156.

[31] Vgl. Krüger a.a.O. S.14.

Die Stadtverwaltung, Polizei, Feuerwehr und Beschäftigte weiterer Behörden waren die ersten Berufsgruppen, die entnazifiziert wurden.[32] In einer Akte mit Fragebögen der Freiwilligen Feuerwehr sind eine ganze Reihe dieser Bögen schon am 3. Mai 1945 – noch zur Zeit der amerikanischen Besatzung Remscheids – ausgefüllt worden.[33]

Das Verfahren der Fragebogenüberprüfung war nicht-öffentlich und fand ohne Anhörung der Betroffenen statt.[34] Nach der „Anweisung Nr.3 der Militärregierung, Finanzabteilung"[35], wurde automatisch entlassen, wer vor dem 1. April 1933 Mitglied der NSDAP, der SS oder bestimmter anderer NS-Organisationen, Mitarbeiter der Gestapo oder des SD war. Ferner wurde entlassen, wer zu irgendeiner Zeit Beamter der NSDAP, Offizier oder Unteroffizier der SS war. Desgleichen legte die Anweisung fest, welcher Personenkreis zu suspendieren war. Den Betroffenen wurde das Betreten ihres ehemaligen Arbeitsplatzes untersagt, außerdem wurden ihre Vermögen gesperrt. Wer sich um eine Stelle bewarb, wurde genauso überprüft, damit die an einem Ort Entlassenen nicht anderswo wieder Anstellung fanden.

Die vier ranghöchsten Beamten oder Angestellten bei den überprüften Behörden, die von den automatischen Entlassungen nicht betroffen waren, nahmen eine Vorprüfung der Fragebögen vor und empfahlen Entlassung, Belassung oder Suspendierung.[36]

Natürlich versuchten einige der Betroffenen, die Angaben im Fragebogen zu fälschen. Fragebogenfälschung aber wurde – wie andere Verstöße gegen die Anordnungen der Militärregierung – streng bestraft. Regelmäßig führte das „Amtliche Mitteilungsblatt", die seit dem 7. Juni 1945 bis 1946 einzige erlaubte Zeitung in Remscheid, unter der Rubrik „Bestrafungen" Verurteilungen wegen Fragebogenfälschung auf. Die Höchststrafe für dieses Vergehen, wie sie zum Beispiel am 22. Oktober 1945 dem Remscheider Wilhelm Wirth vom Mittleren Gerichtshof

---

32 Zur Entnazifizierung der Behörden vgl. Kap. 3.5.2.
33 Vgl. HastaD NW 1017-19.
34 Vgl. Krüger a.a.O. S.24.
35 Vgl. den Text der Anweisung bei Lange a.a.O. S.68f.
36 Vgl. Krüger a.a.O. S.22.

Düsseldorf zuerkannt wurde[37], scheint zwölf Monate Gefängnis betragen zu haben.[38]

Im November 1945 begannen die Briten mit der politischen Überprüfung der Industrie. Über das Amtliche Mitteilungsblatt wurden diejenigen, die bestimmte leitende Funktionen innehatten, aufgerufen, sich bei der Industrie- und Handelskammer Fragebogen-Vordrucke abzuholen und dort in zweifacher Ausfertigung ausgefüllt wieder abzugeben.[39] Vor der Einrichtung deutscher Ausschüsse im April 1946 wurde keine weitere Berufsgruppe mehr dazu aufgerufen.

Um auch die Nationalsozialisten erfassen zu können, die keiner der bisher überprüften Berufsgruppen angehörten, wurden im Januar 1946 Block- und Zellenleiter der NSDAP[40], Ortsgruppenleiter und Ortsgruppenamtsleiter etc. der NSDAP sowie Rottenführer und höhere Grade der SS, SA und NSKK[41] zur Meldung verpflichtet. Die betroffenen Personen hatten sich an einem bestimmten Tag auf dem Polizeiamt einzufinden, wo sie registriert wurden. Dennoch dürfte es auch einigen Remscheider Nationalsozialisten gelungen sein, der Entnazifizierung zu entgehen. Wer sich nämlich an einen anderen Ort begab und dort von seinen Ersparnissen oder von einer unüberprüften Tätigkeit wie der eines Landarbeiters lebte, konnte so das Ende der Entnazifizierung unbeschadet überstehen.[42]

Nicht unerwähnt bleiben soll, dass in den ersten Monaten nach Kriegsende in Remscheid mindestens 195 Personen verhaftet und in Internierungslager überführt wurden, wo sie im Extremfall bis 1949

---

[37] Vgl. Amtliches Mitteilungsblatt Nr.39 (7.11.1945), S.2. Weitere Verurteilungen werden aufgelistet in Nr.3 (21.6.1945), S.4, Nr.41 (14.11.1945), S.2, Nr.66 (9.2.1946), S.3.
[38] Die Verhängung einer höheren Strafe konnte jedenfalls nicht nachgewiesen werden.
[39] Amtliches Mitteilungsblatt Nr.44 (24.11.1945), S.2.
[40] Amtliches Mitteilungsblatt Nr.59 (16.1.1946), S.1.
[41] Amtliches Mitteilungsblatt Nr.60 (19.1.1946), S.1.
[42] Vgl. Lange a.a.O. S.37 und Fürstenau, Justus: *Entnazifizierung. Ein Kapitel deutscher Nachkriegspolitik.* Neuwied und Berlin 1969. [= *Politica. Abhandlungen und Texte zur politischen Wissenschaft.* Hg. von Wilhelm Hennis und Hans Maier. Bd. 40], S.107.

verblieben.[43] Zu ihnen gehörte der ehemalige Oberbürgermeister, der erst im Juni 1947 aus der Internierung entlassen wurde.[44]

2.2. Phase 2: Die Einrichtung deutscher Ausschüsse

Von Anfang an konnte die Entnazifizierung nur mit deutscher Hilfe durchgeführt werden. Doch diese Hilfe war nicht institutionalisiert. Sie bestand lediglich im Verteilen und Einsammeln der Fragebögen[45] sowie in der Vorbewertung durch die vier höchsten in ihrer Stellung verbliebenen Beamten bzw. Angestellten bei der Entnazifizierung der Behörden.[46] Für die Briten, die sich eine möglichst rasche Beendigung der politischen Säuberung zum Ziel gesetzt hatten, wurde im Laufe des Jahres 1945 deutlich, dass dieses Ziel nur mittels institutionalisierter deutscher Hilfe zu erreichen war.

In einem Erlass des Oberpräsidenten der Nord-Rheinprovinz an die Regierungspräsidenten in Düsseldorf, Köln und Aachen vom 27. Dezember 1945[47] wurde die Einrichtung deutscher beratender Ausschüsse angekündigt und das Einreichen von Vorschlagslisten für Mitglieder bis zum 20. Januar 1946 angeordnet. In diesem Zusammenhang findet auch schon Remscheid Erwähnung. Aber erst die Zonen-Instruktion Nr.3 vom 17. Januar 1946[48] legte für die ganze

---

[43] Die Zahl der Internierten geht aus der Interniertenkartei im „Karteikasten Entnazifizierung" Nr. 290 HastaD hervor, die allerdings nicht vollständig zu sein scheint. Über die Praxis der Internierung in der britischen Besatzungszone informiert ausführlich: Wember, Heiner: *Umerziehung im Lager. Internierung und Bestrafung von Nationalsozialisten in der britischen Besatzungszone Deutschlands.* Essen 1992. [= Behr, Hans-Joachim u.a. (Hg.): *Düsseldorfer Schriften zur Neueren Landesgeschichte und zur Geschichte Nordrhein-Westfalens.* Bd.30]

[44] Vgl. HastaD NW 1000-Gen.252. Nach einer Aufstellung des amerikanisch-britischen Hauptquartiers vom Oktober 1944 waren Oberbürgermeister von Städten mit mehr als 100000 Einwohnern automatisch zu arretieren. Vgl. Vollnhals, Clemens (Hg.): *Entnazifizierung. Politische Säuberung und Rehabilitierung in den vier Besatzungszonen 1945–1949.* München 1991, S.238ff.

[45] Vgl. z.B. den sich auf die Übersendung von Fragebögen beziehenden Schriftwechsel der Stadt Remscheid mit dem Reichsbahn-Betriebsamt Lennep in StaRs D100-4.

[46] Vgl. oben Kap. 2.1.3.

[47] In Lange a.a.O. S.201ff.

[48] Vgl. Krüger a.a.O. S.32. Der Text der Anweisung bei Lange a.a.O S.233ff.

britische Zone verbindlich fest, dass in jedem Stadt- und Landkreis deutsche Entnazifizierungsausschüsse – und zwar Unter-, Haupt- und Berufungsausschüsse – zu bilden waren.

Während die Unterausschüsse lediglich eine Vorbewertung des Falles vornahmen, war die Verhandlung Aufgabe des Hauptausschusses. Nach dessen Entscheidung und der Bestätigung durch die Militärregierung konnte der Betroffene bei dem Berufungsausschuss Berufung einlegen. Im Folgenden sollen die Bildung und die Zusammensetzung dieser drei Arten von Ausschüssen in Remscheid dargelegt werden, und zwar in der Reihenfolge ihrer Entstehung. In Kapitel 2.3 wird dann das Verfahren und damit auch die Funktion und Stellung der Ausschüsse darin erörtert werden.

2.2.1. Der Hauptausschuss[49]

In Remscheid nahm als erster Ausschuss der „Deutsche Entnazifizierungs-Hauptausschuss"[50] am 4. April 1946 seine Tätigkeit unter der Leitung von Max Loose auf.[51] Er bestand zunächst nur aus einer Kammer mit fünf Mitgliedern. Bereits Ende April 1946 wurden die Fraktionsführer im Stadtparlament aufgefordert, weitere Personen zu benennen, da die Militärregierung die Einrichtung einer zweiten

---

[49] Wenn in Zukunft vom „Hauptausschuss" die Rede ist, dann ist immer der Entnazifizierungs-Hauptausschuss gemeint, der nicht mit dem Haupt- und Finanzausschuss der Stadt zu verwechseln ist, der in Remscheid ebenfalls am 4. April 1946 seine erste Sitzung abhielt. [Vgl. StaRs Findmittel zu E (Bestand Protokolle)]

[50] So bezeichnete sich der Remscheider Ausschuss. Die Bezeichnung der Ausschüsse wurde erst 1948 durch den Sonderbeauftragten für Entnazifizierung einheitlich geregelt (vgl. Lange a.a.O. S.38). Bis dahin gab es so verschiedene Bezeichnungen wie: „Entnazifizierungs-Geschworenen-Senat der Stadt Hagen", „Entnazisierungs-Ausschuß des Stadtkreises Köln", „Deutscher-Entnazifizierungs-Sachverständigen-Ausschuß Kreis Brilon", „Entnazifizierungsrat des Kreises Altena", „Deutscher Entnazifizierungsvorstand Rhein-Berg-Kreis" oder „Kreisentnazifizierungsrat Landkreis Wittgenstein". Siehe Schreiben dieser Ausschüsse in HastaD NW 1037-19c. Vgl. auch Krüger a.a.O. S.19.

[51] Vgl. Rhein-Echo, 1.2.1947 (Interview mit Max Loose). Die Zeitungen Rhein-Echo, Freiheit und Freies Volk zitiere ich hier und im Folgenden nach Band II und III der Sammlung von Armin Breidenbach: *Widerstand und Verfolgung in Remscheid. Eine Materialsammlung.* 3 Bde. Berlin 1987, 1989 und 1991.

Kammer verfügt hatte.[52] Dienstbeginn für diese neuen Mitglieder war der 5. Juni 1946.[53] Schließlich wurde im September 1946 noch eine dritte Kammer eingerichtet.[54]

Für die Kandidaten galt:

> *Die neu zu ernennenden Mitglieder dürfen nicht der Stadtvertretung angehören, müssen allen Gesellschaftsschichten entnommen sein und der N.S.D.A.P. nicht angehört haben.*[55]

Bei der politischen Zusammensetzung des Ausschusses gab es zu keiner Zeit eine klare Polarisierung. Im September 1946 gab es 16 Mitglieder, wovon je drei SPD, KPD, CDU und FDP angehörten, je zwei der Einheitsgewerkschaft und der Zentrumspartei. Nach dem Ausscheiden der Kommunisten am 8. April 1948[56] gehörten im Mai 1948 von nur noch elf Mitgliedern drei der SPD, zwei einer Gewerkschaft, drei der FDP, zwei der CDU und einer der Zentrumspartei an. Wenn es auch nach dem Ausscheiden der Kommunisten zu keinem Übergewicht der CDU kam, wie es anderswo durchaus der Fall war[57], lag das daran, dass man das ausgeschiedene Personal nicht ersetzte, sondern statt mit drei Kammern nur noch mit zweien weiterarbeitete.

---

[52] Schreiben an die Fraktionsführer vom 29. April 1946. In StaRs D100-114.

[53] Vgl. Schreiben des Oberbürgermeisters an die neuen Mitglieder vom 4. Juni 1946. In StaRs D100-114.

[54] Die politische Überprüfung der benannten Mitglieder durch die Militärregierung fand Anfang September statt, wie aus einem Schreiben vom 3. September 1946 hervorgeht. In StaRs D100-114.

[55] Schreiben des Oberbürgermeisters an die neuen Mitglieder vom 4. Juni 1946. In StaRs D100-114.

[56] Vgl. Rheinische Post 14.4.1948 und Schreiben des Hauptausschusses an den Sonderbeauftragten für Entnazifizierung vom 24.5.1948 in HastaD NW 1037-Gen.83. Siehe auch unten Kap. 3.6.4.

[57] So etwa in Lünen, wo vor allem die CDU die ausgeschiedenen KPD-Mitglieder im Ausschuss ersetzte. Vgl. Lübke a.a.O. S.536f. Auch Peter Hüttenberger hat die Entwicklung der Zusammensetzung von Ausschüssen untersucht. Er kommt zu dem Ergebnis, dass zu Beginn der Entnazifizierung KPD und SPD, am Schluss dagegen die CDU vorherrschte. Vgl. Hüttenberger, Peter: Nordrhein-Westfalen und die Entstehung seiner parlamentarischen Demokratie. Siegburg 1973. [= Veröffentlichungen der Staatlichen Archive des Landes Nordrhein-Westfalen, Reihe C Bd. 1]

Zum Ausschuss gehörte auch Verwaltungspersonal: Ein Geschäftsführer, vier Sachbearbeiter und sechs Schreibkräfte.[58] Der Sitz des Ausschusses war im Polizeigebäude, Uhlandstraße 1. Die Arbeitszeit reichte montags bis freitags von neun bis siebzehn, samstags von neun bis zwölf Uhr.[59]

2.2.2. Die Unterausschüsse

Neben dem Hauptausschuss wurden 135 Unterausschüsse für die verschiedenen Berufsgruppen oder für größere Betriebe gebildet.[60] Sie hatten meistens drei oder vier Mitglieder, wobei möglichst die verschiedenen sozialen Gruppen im Betrieb vom Arbeiter bis zum Ingenieur vertreten sein sollten.[61]

Die Einrichtung der Unterausschüsse geschah nicht mit einem Mal, sondern nach und nach im Zuge der Entnazifizierung weiterer Berufsgruppen. Noch am 8. März 1947 wurden die Führer von zehn „Fach- und Berufsgruppen [..] aufgefordert, sich bis zum 15.3.1947 zwecks Bildung von Unterausschüssen beim Deutschen Entnazifizierungsausschuß S/K [d.i. Stadtkreis, R.S.] Remscheid, Uhlandstr.1, Zimmer 85, zu melden."[62] Sobald der entsprechende Unterausschuss bestand, wurden die Betroffenen aufgefordert, sich Fragebogenvordrucke abzuholen.[63] Die Fragebögen mussten bis zu einem bestimmten Termin ausgefüllt werden.

---

58 Vgl. Schreiben des Hauptausschusses an den Sonderbeauftragten für Entnazifizierung vom 28.1.1948 in HastaD NW 1017-Gen.15.

59 Vgl. ebd. Ab ungefähr April 1948 wurde samstags nicht mehr gearbeitet, dafür sonst aber schon um 8.30 Uhr begonnen. Vgl. undatiertes Formular über die Mitarbeiter und Ausschussmitglieder des Hauptausschusses mit Stand April 1948 in HastaD NW 1037-Gen.82.

60 Vgl. die Kartei der Unterausschüsse im Karteikasten Entnazifizierung Nr.299 HastaD.

61 Vgl. Lange a.a.O. S.40.

62 Amtliches Mitteilungsblatt Nr.163 (8.3.1947), S.1.

63 Bei den freien Berufen wurde diese Aufforderung über das Amtliche Mitteilungsblatt verbreitet, so für den Einzelhandel (Amtliches Mitteilungsblatt Nr.100 (8.6.1946)), Großhandel (Nr.101 (15.6.1946)), Handwerk (Nr.141 (6.11.1946)), Hotel- und Gaststättengewerbe (Nr.158 (1.2.1947)), Kunst-und Kunsthandwerk (Nr.171 (3.5.1947)).

2.2.3. Der Berufungsausschuss

Schließlich wurde noch ein Berufungsausschuss gebildet. Er hatte nur eine Kammer, die aus fünf Personen bestand: ein Rechtsanwalt als Vorsitzender – es wechselten sich drei Anwälte im Vorsitz ab – und vier Laien als Beisitzer. Der Berufungsausschuss beschäftigte ein bis zwei Schreibkräfte und hatte seinen Sitz im Rathaus.[64] Die erste Sitzung fand am Freitag, dem 26. Juli 1946, statt.[65] Im Durchschnitt tagte der Ausschuss bis zu seiner Auflösung vierzehnmal im Monat.[66]

Die Zusammensetzung des Berufungsausschusses blieb vom 19. September 1946 bis zu seiner Auflösung unverändert, lediglich einer der sich im Vorsitz abwechselnden Rechtsanwälte legte aufgrund von Differenzen mit dem Beisitzer B. sein Amt vorzeitig nieder.[67] Von den vier Beisitzern, die genau wie die Mitglieder des Hauptausschusses von den Parteien benannt wurden, gehörten zwei der SPD und je einer der CDU und der KPD an. Nach dem Ausscheiden der KPD aus den Entnazifizierungsausschüssen[68] blieb das KPD-Mitglied B. als Gewerkschaftsmitglied im Berufungsausschuss.[69]

2.3. Das Verfahren

Im Folgenden soll das Verfahren der Entnazifizierung erläutert werden, wie es von der Einrichtung der deutschen Ausschüsse im April 1946 bis zu deren Auflösung drei Jahre später durchgeführt wurde. In der dritten Phase der Entnazifizierung in Remscheid, in der ab Ende Dezember 1947 die nordrhein-westfälische Landesregierung für die

---

[64] Vgl. Schreiben des Berufungsausschusses an den Sonderbeauftragten für Entnazifizierung vom 29.1.1948 in HastaD NW 1029-2.

[65] Das geht aus dem ersten Band der Tagebücher des Ausschusses in HastaD NW 1029-1 hervor. Vgl. auch die Aufstellungen über die abgehaltenen Sitzungen des Berufungsausschusses in StaRs D100-60.

[66] Vgl. die Aufstellungen über die Sitzungen des Berufungsausschusses in StaRs D100-60.

[67] Vgl. Kap. 3.2.

[68] Vgl. Kap. 3.6.4.

[69] Vgl. Schreiben des Berufungsausschusses an den Sonderbeauftragten für Entnazifizierung vom 29.1.1948 in HastaD NW 1029-2 und Meldung vom 5.3.1949 an den Sonderbeauftragten für Entnazifizierung in HastaD NW 1029-2 (Original) bzw. NW 1037-83 (Durchschlag).

Entnazifizierung verantwortlich war, gab es einige Veränderungen im Verfahrensablauf. Diese werden im Kapitel 2.4., das sich mit dieser dritten Phase befasst, dargestellt.

2.3.1. Das Verfahren vor Unter- und Hauptausschuss

Das Entnazifizierungsverfahren im Einzelnen ging folgendermaßen vonstatten:[70] Die Betroffenen reichten ihren Fragebogen in zweifacher Ausfertigung ein. Zuerst beurteilte der Unterausschuss die Angaben nach den bestehenden Vorschriften und nach den Kenntnissen, die im Betrieb über das Verhalten des Betroffenen während der Zeit des Nationalsozialismus vorhanden waren.[71] Der Unterausschuss konnte nun vorschlagen, den Betroffenen zwangsweise oder nach freiem Ermessen zu entlassen bzw. auf seinem Posten zu belassen. Dieser Vorschlag wurde in einem Protokoll niedergelegt und zusammen mit zwei Formblättern, „Fragebogen Action Sheet" und „Case Summary", auf die die weiteren Vorgänge des Verfahrens jeweils eingetragen wurden, an den Hauptausschuss weitergereicht.

Nun hatte dieser den Fall zu prüfen. Gegebenenfalls konnten der Betroffene oder Zeugen[72] geladen werden. Allerdings war es nur den britischen Stellen erlaubt, weitergehende Nachforschungen anzustellen.[73] Der Hauptausschuss erstellte seinerseits ein Protokoll und gab seine Empfehlung an die Abteilung Public Safety Special Branch (PSSB)[74] der britischen Militärverwaltung weiter, die die Entscheidung traf und – falls der Betroffene nicht innerhalb von 14 Tagen nach Zustellung des Bescheides Berufung einlegte – die nötigen Maßnahmen einleitete, wie die Ausstellung der Entlassungs- bzw. Suspendierungsverfügung[75] oder die Sperrung der Konten. Die Zustellung der Entnazifizierungsbescheide an den Betroffenen oblag bis zum 31. Mai 1947 dem Verbindungsamt

---

[70] Vgl. Rhein-Echo 1.2.1947. Vgl. Krüger a.a.O. S.33ff. Vgl. Lange a.a.O. S.43ff.

[71] Vgl. Kap. 2.1.3. und 3.4.2.

[72] Vgl. die Ladung eines Belastungszeugen durch den Berufungsausschuss im Anhang (III).

[73] Vgl. Krüger a.a.O. S.30.

[74] Zur PSSB vgl. Kap. 2.1.3.

[75] Vgl. den Entlassungsbefehl der Stadt Remscheid an C. B. im Anhang (V).

und wurde danach auf Anordnung der PSSB der Polizeiverwaltung übertragen.[76]

2.3.2. Die Einstufung in Kategorien

Ab Mitte Mai 1947 ist in Remscheid das zusätzliche Kategorisierungsverfahren nachweisbar[77], das gemäß der Zonen-Exekutiv-Anweisung Nr. 54 vom 30. November 1946[78] durchgeführt werden musste. Es wurden fünf Kategorien bestimmt: Kategorie I für Kriegsverbrecher, Kategorie II für Nazis („Übeltäter"), Kategorie III für Nazis („geringe Übeltäter"), Kategorie IV für Nazis (Anhänger, Mitläufer) und Kategorie V für Unbelastete oder Entlastete.

Wenn der deutsche Hauptausschuss zu der Ansicht gelangte, dass jemand in die Kategorien I oder II gehören könnte, so gab er den Fall an die Militärregierung weiter, die sich die Einordnung in diese beiden ersten Kategorien vorbehielt. In den Quellen ließen sich für Remscheid nur zwei Fälle dieser Art nachweisen.[79] Das ist nicht verwunderlich,

---

[76] Vgl. Verwaltungsbericht des Verbindungsamtes vom 2.6.1947 für das Rechnungsjahr 1946 und Schreiben des Verbindungsamtes an das Hauptamt vom 9.4.1948 in StaRs D100-8.

[77] Das geht aus den Protokollen der 1. Kammer hervor. Vgl. HastaD NW 1017-Gen.9.

[78] Vgl. die Zonen-Exekutiv-Anweisung Nr.54 der britischen Militärregierung bei Lange a.a.O. S.269–296. Die Kategorisierung war schon in der Zonen-Politik-Anweisung der britischen Militärregierung vom 12. August 1946 vorgesehen, die aber nie Gültigkeit erlangte. Die Anweisung Nr.54 trat erst am 14. April 1947 in Kraft. (Vgl. Lange a.a.O. S.25f und Krüger a.a.O. S.44) Es dauerte dann also noch etwa einen Monat, bis sie auch in Remscheid angewendet wurde.

[79] Es handelt sich dabei zum einen um den Fall Marianne Koll. Die kaufmännische Angestellte hatte kurz vor Kriegsende als Spitzel der Gestapo mindestens fünf Personen denunziert. Die Kammer III des Remscheider Hauptausschusses übergab im Februar 1948 den Fall der damals 34jährigen der Militärregierung. Sie wurde wahrscheinlich – ein Beleg dafür ließ sich nicht finden – in Kategorie II eingeordnet und in einem Gerichtsverfahren zu sieben, nach einer Berufungsverhandlung schließlich zu sechs Jahren Zuchthaus verurteilt. [Vgl. Rhein-Echo 28.2.1948 und 31.8.1948, Freiheit 31.8.1948 und Freies Volk 18.2.1949.] Der zweite Fall ist der des Arbeiters und ehemaligen SA-Mannes S. Recke, der verdächtigt wurde, die „Bestie von Hamborn" gewesen zu sein. [Vgl. Rhein-Echo 25.3.1948]

wenn man berücksichtigt, dass in Nordrhein-Westfalen insgesamt nur 90 Personen in diese beiden Kategorien eingereiht worden sind.[80]

Blieb also die Einreihung in die Kategorien I und II der Militärregierung vorbehalten, so stand es dem Remscheider Hauptausschuss zu, über die Einreihung in III bis V zu entscheiden. Mit der Zuweisung zu einer der beiden Kategorien III und IV waren Sanktionen verbunden, nur Personen in Kategorie V galten als vollständig entlastet.

Personen in Kategorie III waren „vom passiven Wahlrecht auf allen Stufen der Verwaltung oder von der aktiven Teilnahme an der Regierung"[81] ausgeschlossen. Sie waren bei Wahlen nicht stimmberechtigt, durften die britische Zone ohne Genehmigung nicht verlassen, den Wohnsitz ohne Genehmigung nicht wechseln und unterlagen polizeilicher Meldepflicht. Solange sie in der Gruppe III blieben, waren ihre Vermögen und Konten gesperrt.

Außerdem konnten ihnen fünf verschiedene Berufsbeschränkungen[82] auferlegt werden, die jeweils eine Untergruppe der Kategorie III bildeten. Kategorie III/1 bedeutete demnach die bedingungslose Entlassung, III/2a die Entlassung mit der Erlaubnis, bei dem gleichen Arbeitgeber eine Stelle anzunehmen, die in der Hierarchie einen gewissen Rang nicht überschreiten durfte. Kategorie III/2b hatte die Belassung in der Stellung unter Verhängung eines Beförderungsverbotes, III/3 die Versetzung in den Ruhestand mit voller Pension oder mit einem bestimmten Prozentsatz der vollen Pension zur Folge. Wer in III/4 eingereiht wurde, durfte nicht in eine andere Stelle wechseln, in der er eine leitende Funktion einnehmen oder über die Anstellung und Entlassung von Personal

---

[80] Vgl. die Statistik bei Lange a.a.O. S.59. Wahrscheinlich gab es in Remscheid noch mehr Fälle, denn nicht alle an die Militärregierung überwiesenen Personen müssen wirklich in Kategorie I oder II eingeordnet worden sein.

[81] Zonen-Exekutiv-Anweisung Nr.54 bei Lange a.a.O. S.285.

[82] Vgl. zu dem Folgenden den Anhang B der Allgemeinen Anweisung der Militärregierung Land Nordrhein-Westfalen vom April 1947 betreffend die Durchführung der Zonen-Exekutiv-Anweisung Nr.54 und Nr.3 (Endfassung) in Lange a.a.O. S.372f. Eine maschinenschriftliche Aufstellung der Texte dieser einzelnen Beschränkungen, die dem Remscheider Ausschuss als Arbeitsgrundlage gedient haben mag, befindet sich in StaRs D100-94.

entscheiden konnte. Diese Beschränkung war beispielsweise für Inhaber von kleinen Verkaufsgeschäften gedacht, von denen man annahm, dass sie nicht in ihrem Geschäft, wohl aber in einer anderen Stellung eine Gefahr darstellen konnten.

Einigen Betroffenen gelang es allerdings, diese Berufsbeschränkungen zu unterlaufen. So konnte es zum Beispiel geschehen, dass der selbständige Vertreter Richard M., der sein Geschäft nicht mehr selbst führen durfte, dieses seiner Frau übertrug und es als „einfacher Angestellter" inoffiziell weiterhin leitete.[83]

Personen in Kategorie IV wurde nur das passive Wahlrecht entzogen. Auch sie durften die britische Zone nicht ohne Genehmigung verlassen und unterstanden der polizeilichen Meldepflicht. Die Vermögens- und Kontensperrung bestand allerdings nur als Kann-Bestimmung. Beschäftigungsbeschränkungen waren zunächst nicht vorgesehen, wurden aber mit Inkrafttreten der Verordnung Nr.110 der britischen Militärregierung am 1. Oktober 1947 doch möglich.[84]

Nur wer in Kategorie V gelangte, galt als entlastet und bekam ein „Entlastungszeugnis"[85] ausgestellt. Jugendliche – das waren alle, die ab dem 1. Januar 1919 geboren worden waren und damit bei Kriegsende 26 Jahre zählten, – wurden generell für entlastet erklärt, es sei denn, es lagen schwerwiegende Belastungen vor.

Die Kategorisierung war ein von der Entscheidung über die Entlassung aus bzw. Belassung in der Stellung separat durchgeführter Vorgang. Erst wenn die PSSB über die Entlassung, Suspendierung oder

---

[83] Vgl. Freiheit vom 21.11.1947.

[84] Vgl. Krüger a.a.O. S.57. Vgl. auch die Arbeitsvermittlungsdirektive Nr.37 des Hauptquartiers der britischen Militärregierung vom 4. März 1948 in Lange a.a.O. S.531f.

[85] Siehe Muster im Anhang (VIII). Vor der Einführung der Kategorisierung waren entlastete Personen von der Entscheidung der Militärregierung nicht extra schriftlich benachrichtigt worden. Dies hatte der Oberpräsident der Nord-Rheinprovinz in Düsseldorf am 28.5.1946 verfügt, da mit solchen schriftlichen Benachrichtigungen Missbrauch betrieben worden war. Vgl. den Erlass in Lange a.a.O. S.467f. und eine sich darauf beziehende Aktennotiz vom 6.12.1946 in StaRs D100-70. Die Militärregierung hatte die gleiche Anordnung aus Papierersparnisgründen erteilt. Vgl. Verwaltungsbericht des Verbindungsamtes vom 2.6.1947 für das Rechnungsjahr 1946 in StaRs D100-8.

Belassung entschieden hatte, hatte der Hauptausschuss die Betroffenen in eine der drei Kategorien einzureihen. Beide Verfahren waren allerdings nicht unabhängig, da z.B. jemand, der entlassen worden war, bei der Kategorisierung nicht in die Gruppe V der Entlasteten kommen konnte.

Die Kategorisierungsentscheidung des Hauptausschusses musste von der PSSB bestätigt werden. Lag – eventuell erst nach dem Abschluss eines Berufungsverfahrens – die Entscheidung vor, so leitete die PSSB die notwendigen Maßnahmen ein: Eine Abschrift des Fragebogens und eine kurze Falldarstellung wurden an das britische Regional-Hauptquartier gesandt, Entlastungszeugnisse für die in Kategorie V Eingeordneten ausgestellt, die Ausfertigung des amtlichen Einreihungsbescheides[86] mit Durchschlag an die deutsche Polizei und das Regional-Hauptquartier vorgenommen und gegebenenfalls der zuständige britische Property Control Officer und die regionale Reichsbankstelle über die Sperrung von Eigentum und Konten verständigt.[87]

Für die Fälle der Kategorien III und IV war eine periodische Überprüfung vorgesehen, das erste Mal zwei Jahre nach der endgültigen Kategorisierung, dann jährlich.[88]

Für die Beurteilung der Entnazifizierung ist es wichtig, den eigentlichen Zweck der mit der Einordnung in Kategorien einhergehenden Sanktionen und damit auch des gesamten Entnazifizierungsverfahrens aus Sicht der Briten im Auge zu behalten. Die Besatzungsmacht war der Ansicht, dass

> *diese Sanktionen nicht als Strafen für frühere Missetaten zu betrachten sind, sondern als Mittel zur Beschränkung der Tätigkeit von Personen, die [...] nach Auffassung der Ausschüsse auch fernerhin möglicherweise*

---

[86] Vgl. die Einreihungsbescheide des Fabrikanten D. M. im Anhang (VI a/b und VII a/b). M. wurde demnach vom Hauptausschuss in Kategorie III/4 und nach seiner Berufung vom Berufungsausschuss in IV ohne Vermögenssperre eingereiht.

[87] Vgl. Zonen-Exekutiv-Anweisung Nr. 3 des Hauptquartiers der britischen Militärregierung vom 7. März 1947 (endgültige Fassung) bei Lange a.a.O. S.314. Vgl. auch Krüger a.a.O. S.51.

[88] Vgl. Krüger a.a.O. S.50.

eine Gefahr für das Wiedererwachen eines friedlichen und demo-
kratischen Deutschlands sind.[89]

Auch wenn die Sanktionen wie Strafen wirkten, dienten sie doch „nur" dazu, möglicherweise gefährlichen Personen ihren Einfluss auf die Neugestaltung Deutschlands zu beschneiden.

2.3.3. Das Berufungsverfahren

Der Betroffene hatte die Möglichkeit, Berufung gegen den Bescheid der PSSB über Entlassung bzw. Suspendierung und nach der Einführung der Kategorisierung auch gegen die durch den deutschen Ausschuss erfolgte Einreihung in eine Kategorie einzulegen. Vor der Einrichtung des deutschen Berufungsausschusses war der britische „Review Board" für Berufungen zuständig.

Voraussetzung für eine Berufung konnte erstens ein Fehler im Entnazifizierungsverfahren sein, der zur Folge gehabt hatte, dass ein Unbelasteter als belastet eingestuft worden war. Zweitens konnte ein Belasteter, der nachträglich beweisen konnte, dass er nur nominelles Parteimitglied gewesen war und den Zielen der Alliierten nicht feindselig gegenüberstand[90], die Einleitung eines Berufungsverfahrens erwirken.

Der Berufungsantrag musste innerhalb von 14 Tagen nach Zustellung des Bescheides vollständig eingereicht werden, ein einfaches Protestschreiben reichte nicht aus.[91] Bis zur Entscheidung des Berufungsausschusses verblieben Betroffene, deren Entlassung oder Suspendierung vorgeschlagen war, auf ihrem Arbeitsplatz.[92]

---

[89] Anhang B zur Zonen-Exekutiv-Anweisung Nr.54 bei Lange a.a.O. S.290.

[90] Vgl. Zonen-Exekutiv-Anweisung Nr. 3 des Hauptquartiers der britischen Militärregierung vom 7. März 1947 (endgültige Fassung) bei Lange a.a.O. S.312f. Vgl. auch die Übersetzung dieses Teils der Anweisung, der dem Hauptausschuss von der PSSB Remscheid am 18.6.1947 zugeleitet wurde, in StaRs D100-99. Zur Frage, wer ein „nominelles" Mitglied war, vgl. Kap. 3.4.2.

[91] Vgl. Bekanntmachung der Militärregierung im Amtlichen Mitteilungsblatt Nr.175 (31.5.1947), S.1.

[92] Vor dem 1.3.1947 war die sofortige Entlassung möglich. [Vgl. Schreiben der PSSB an den Hauptausschuss vom 1.3.1947. Vgl. auch den Text des Entlassungsbefehls vom 23.11.1946 im Anhang (V).] Das führte bei erfolgreicher Berufung des Öfteren zu Schwierigkeiten bei der Rückkehr auf den alten Arbeitsplatz.

Im Gegensatz zu den Verhandlungen vor dem Hauptausschuss durfte der Betroffene bei der Berufungsverhandlung die Hilfe eines Rechtsanwaltes in Anspruch nehmen. Der Betroffene hatte persönlich zu erscheinen. Es musste weiter ein Mitglied des Hauptausschusses, der die Entlassung oder Suspendierung der Person vorgeschlagen hatte, bei der Verhandlung anwesend sein, um die Ansicht des Hauptausschusses zu vertreten.[93]

Der Berufungsausschuss erörterte den Fall neu und änderte gegebenenfalls die Empfehlung auf Entlassung, Belassung oder Suspendierung bzw. die Kategorisierungsentscheidung des Hauptausschusses ab. Die neue Empfehlung wurde mit einer Begründung[94] an die PSSB geleitet, die den Beschluss des Berufungsausschusses bestätigen musste, damit er Gültigkeit erlangte.

2.4. Phase 3: Entnazifizierung unter deutscher Verantwortung

Ab dem 18. Dezember 1947 war das Land Nordrhein-Westfalen für die Entnazifizierung verantwortlich. Als Vertreter des nordrhein-westfälischen Justizministers wurde ein Sonderbeauftragter für Entnazifizierung eingesetzt, der seinen Sitz in Düsseldorf hatte. Die Militärregierung behielt sich lediglich weiterhin das Recht vor, die Einreihung in die Kategorien I und II vorzunehmen und bei neuen Beweisen oder offenkundiger Ungerechtigkeit der Entscheidungen der deutschen Ausschüsse die Wiederaufnahme eines Falles verlangen zu können.[95]

---

[93] Schreiben der PSSB vom 1.4.1947 an den Haupt- und Berufungsausschuss als Berichtigung des Schreibens vom 6.3.1947, in dem es hieß, dass entweder ein Mitglied des Hauptausschusses oder des Unterausschusses, der den Fall vorher behandelt hatte, bei der Berufungsverhandlung anwesend sein sollte. In StaRs D100-99.

[94] Zu Beginn seiner Tätigkeit zeigte sich der Berufungsausschuss augenscheinlich unbeholfen bei diesen Begründungen: Die Wiedereinstellung von entlassenen Personen wurde zunächst nur mit „kein Aktivist" befürwortet. In einem Schreiben der PSSB vom 17.9.1946 wurde der Ausschuss angewiesen, Einzelheiten in der Begründung zu liefern. In StaRs D100-99.

[95] Vgl. Krüger a.a.O. S.61 und Lange S.53.

Es galten noch immer die bisherigen Bestimmungen. Diese konnte der Sonderbeauftragte für Entnazifizierung auf dem Verordnungswege abwandeln und erweitern. Diese Verordnungspraxis wurde zur Regel, da das vom nordrhein-westfälischen Landtag verabschiedete Entnazifizierungsgesetz 1948 von den Briten abgelehnt wurde.[96]

Entlassungen waren nach einer Anordnung der Briten ab dem 1. Januar 1948 nicht mehr möglich, Beschäftigungsbeschränkungen dagegen bereits seit Oktober 1947 auch für Kategorie IV erlaubt.[97] Die mündlichen Verhandlungen vor dem Haupt- und dem Berufungsausschuss waren nunmehr öffentlich. Über spektakuläre Fälle konnte jetzt auch in der Presse berichtet werden. Außerdem wurden die Namen derjenigen, deren Verhandlung anstand, im Amtlichen Mitteilungsblatt veröffentlicht, um der Öffentlichkeit Gelegenheit zum Vorbringen von Be- oder Entlastungsaussagen zu geben.[98] Die Bestätigung und Überprüfung der Entscheidungen des Haupt- und Berufungsausschusses oblag nun nicht mehr der PSSB sondern dem Sonderbeauftragten für Entnazifizierung.

Die Erlaubnis, die Wiederaufnahme eines Falles zu beantragen, befristeten die Briten zunächst bis zum 31. Dezember 1947. Durch eine Anweisung des Sonderbeauftragten vom 13. Oktober 1948 wurde schließlich mit Erlaubnis der Besatzungsmacht die Wiederaufnahme von noch unter britischer Verantwortung abgeschlossenen Fällen erlaubt, wenn neues Beweismaterial oder augenscheinliche Ungerechtigkeit vorlag.[99]

2.4.1. Der Pensionsüberprüfungsausschuss

Die Überprüfung der Versorgungsberechtigten, derjenigen also, die Anspruch auf eine Pension hatten, durfte von den deutschen Entnazifizierungsausschüssen anfangs nicht vorgenommen werden. Die Überprüfung der Personen, die mit ihrer nationalsozialistischen Gesinnung

---

[96] Das Hin und Her um das nordrhein-westfälische Entnazifizierungsgesetz hat Justus Fürstenau ausführlich beschrieben. Vgl. Fürstenau a.a.O. S.130ff. Vgl. auch Krüger a.a.O. S.58ff.

[97] Vgl. oben Kap. 2.3.2.

[98] Da der Jahrgang 1948 nicht erhalten ist, findet sich der erste Beleg in Nr.1 (8.1.1949), S.2.

[99] Vgl. Krüger a.a.O. S.55.

an ihrem Arbeitsplatz Schaden verursachen konnten, hatte für die Militärregierung Priorität. Zuerst wollte sie diejenigen überprüft wissen, die sich in einem Arbeitsverhältnis befanden oder sich um eine Stellung bewarben.

Den Versorgungsberechtigten sollten deshalb die Pensionen bis zu ihrer geplanten Überprüfung unter Vorbehalt weiter bezahlt werden. Dennoch bearbeiteten einzelne Ausschüsse auch Fälle von Versorgungsberechtigten.[100] Der Remscheider Hauptausschuss befasste sich ebenfalls mit diesen Fällen. Erst im Juli 1947 wurde diese Praxis durch einen Befehl der Militärregierung unterbunden.[101]

In Remscheid waren bis zu diesem Zeitpunkt schon eine ganze Reihe derartiger Fälle entschieden worden. Soziale Härten waren nicht ausgeschlossen. So wurde am 27. November 1946 von der ersten Kammer des Remscheider Hauptausschusses der Pensionsanspruch der Witwe N. abgelehnt, weil der 1942 verstorbene Ehemann von 1933 bis zu seinem Tod Mitglied der NSDAP gewesen war und ab 1936 als Ober- bzw. Hauptgefolgschaftsführer der HJ angehört hatte.[102]

Die Verordnung über die politische Überprüfung der Versorgungsberechtigten vom 28.6.1948 setzte endlich ein geregeltes Verfahren der Überprüfung dieser Fälle in Gang. Pensionsüberprüfungsausschüsse wurden eingerichtet, die darüber entschieden, ob und wieviel Pension die Überprüften erhalten sollten. Der Remscheider Pensionsüberprüfungsausschuss konstituierte sich als zusätzliche Kammer des Hauptausschusses mit fünf Mitgliedern und tagte am 4. Oktober 1948

---

[100] Bis hier vgl. ebd. S.63.

[101] Vgl. Amtliches Mitteilungsblatt Nr.180 (5.7.1947), S.1. Laut Krüger a.a.O. S.63 ist schon am 20.1.1947 eine dahingehende Anordnung der Militärregierung herausgekommen [erhalten in HastaD NW 1000-Gen.4], die also erst ein halbes Jahr später in Remscheid durchgesetzt wurde.

[102] Vgl. Protokoll vom 27.11.1946 in HastaD NW 1017-Gen.9.

zum ersten Mal.[103] Zu diesem Zeitpunkt warteten in Remscheid 273 Versorgungsberechtigte auf ein Verfahren.[104]

Wer in Kategorie III eingereiht wurde, konnte dann seine Pension verlieren, wenn er Handlungen begangen hatte, die nach Beamtenrecht zur Entlassung geführt hätten, oder wenn er seine Stelle aufgrund seiner Verbindung zum Nationalsozialismus erhalten hatte. Bezüglich der Kategorie IV war lediglich eine Kürzung der Versorgungsbezüge vorgesehen. Hinterbliebene wurden auch politisch überprüft.[105]

2.4.2. Die Kosten der Entnazifizierung

Am 4. Juli 1948 trat die Kostenordnung für die Entnazifizierung in Kraft. Sie entlastete die Kommunen, die bis dahin nahezu alle Kosten zu tragen hatten. Nur im Berufungsverfahren waren ab dem 22.10.1946[106] Gebühren erhoben worden, und zwar höchstens 200 RM dann, wenn die Berufung abgelehnt wurde. Außerdem hatten die Betroffenen vorher für die Aufwandsentschädigungen ihrer Entlastungszeugen[107] und die Honorare ihrer Verteidiger aufzukommen gehabt. Eine Sonderregelung hatte es für finanziell „minderbemittelte" Personen gegeben, die nur noch die Entschädigung der Entlastungszeugen hatten tragen müssen. Als minderbemittelt galten alle, die beweisen konnten, dass ihr Gesamtvermögen 1000 RM nicht überstieg.[108]

---

103 Vgl. Schreiben des Hauptausschusses an den Sonderbeauftragten für Entnazifizierung vom 9.9.1948 in HastaD NW 1037-Gen.82.

104 Vgl. Schreiben vom 1.10.1948 an den Sonderbeauftragten für Entnazifizierung in HastaD NW 1017-Gen.20.

105 Vgl. Krüger a.a.O. S.64.

106 Schreiben der PSSB Remscheid vom 3.12.1946 an den Berufungsausschuss in StaRs D100-107: Dieser sollte rückwirkend zum 22.10.1946 für jeden abgelehnten Einspruch die Kosten festsetzen und diese der PSSB schriftlich mitteilen. Damit wurde die Anweisung des Hauptquartiers der britischen Militärregierung vom 22.10.1946 (in Lange a.a.O. S.487f.) umgesetzt.

107 Die Aufwandsentschädigungen der von den Ausschüssen geladenen Belastungszeugen trug die Stadt Remscheid. Vgl. Auszahlungsanweisung durch den Berufungsausschuss Remscheid an die Stadthauptkasse vom 2.10.1948 für das Zeugengeld eines (vom Berufungsausschuss geladenen) Belastungszeugen im Anhang (IV).

108 Vgl. die Anweisung des Hauptquartiers der britischen Militärregierung vom 22.10.1946 in Lange a.a.O. S.487f. Eine andere Übersetzung in StaRs D100-47. Die PSSB

1946 hatte die Haushaltsstelle Entnazifizierung der Stadt Kosten von 138600 RM verursacht, für 1947 waren rund 200000 RM angesetzt.[109] In der Ratssitzung vom 22. April 1947 forderte Bürgermeister Gierck die Einführung von Gebühren im Entnazifizierungsverfahren. Der Oberstadtdirektor konnte dazu ausführen:

Über die Entnazifizierungskosten von 200000 RM haben wir uns auch geärgert und haben bereits alle Wege beschritten, um eine Änderung herbeizuführen. Die Militärregierung hat dies jedoch abgelehnt.[110]

Der Oberstadtdirektor wurde von der Stadtvertretung dazu aufgefordert, sich bei englischen und deutschen Dienststellen für eine Kostenregelung einzusetzen, damit nicht die Allgemeinheit die Entnazifizierungskosten tragen müsse. In einem Schreiben an den nordrhein-westfälischen Innenminister erkundigte sich der Remscheider Oberstadtdirektor nach einer Regelung der Problematik, die laut Schreiben der Militärregierung Düsseldorf dort zu erwarten sei. Als Antwort erhielt er die Abschrift eines Schreibens an den Oberstadtdirektor in Köln, der die gleiche Anfrage gestellt hatte. Danach konnte die bisherige Kostenregelung erst geändert werden, wenn die Entnazifizierung ganz in deutsche Hände übergegangen war.[111]

Mit der Kostenordnung von 1948 wurden nun Gebühren eingeführt, die in jeder Instanz je nach Einkommen und sozialer Lage der Betroffenen 10 bis 1000 Mark betragen konnten. Das bedeutete bei den damaligen Verhältnissen viel Geld, und so findet sich in den Akten ein umfangreicher Schriftwechsel mit der Bitte um Gewährung von Ratenzahlung oder Erlass aus Härtegründen. Das Entlastungszeugnis – im Fall einer Einreihung in Kategorie V – bzw. der Einreihungsbescheid

---

in Remscheid gab die Bestimmungen über minderbemittelte Personen erst in einem Schreiben vom 14.2.1947 als Ergänzung zum Schreiben vom 3.12.1946 an den Berufungsausschuss weiter. Vgl. StaRs D100-107.

[109] Vgl. das Protokoll der Stadtverordnetenversammlung vom 22.4.1947. In StaRs E-67.

[110] Vgl. ebd.

[111] Vgl. StaRs D100-47.

konnten nunmehr nur noch bei Vorlage einer Quittung der Stadthauptkasse über die Bezahlung der Gebühren abgeholt werden.[112]

In Fällen, in denen keine Ratenzahlung oder Erlassung der Gebühren genehmigt worden war und trotzdem keine Zahlung erfolgte, wurde das Geld schließlich nach vier Wochen in einem Verwaltungs-Zwangsverfahren eingezogen.[113] Von der Zahlungsmoral der Betroffenen wusste die Stadthauptkasse Remscheid zu berichten:

> *Im übrigen ist festzustellen, daß die meisten der Gebührenpflichtigen nur widerwillig oder überhaupt nicht zahlen und es auf die Zwangsbetreibung ankommen lassen.*[114]

Für den Zeitraum vom 21. Juni 1948 bis zum 28. Februar 1949 stand den angefallenen Gebühren beider Ausschüsse von 70683,30 DM eine Summe von 37896,80 DM an Einnahmen gegenüber.[115] Die Betroffenen hatten also bis dahin lediglich die Hälfte der ihnen auferlegten Gebühren gezahlt. In einigen Fällen zog sich das Eintreiben der Restschuld durch die Stadt Remscheid bis 1952 hin.[116]

2.4.3. Das Ende der Entnazifizierung in Remscheid

Schon 1948 waren die ursprünglich drei Kammern des Remscheider Hauptausschusses nach dem Ausscheiden der KPD am 8. April auf zwei reduziert worden.[117] In seinem Runderlass vom 2. April 1949 verfügte der Sonderbeauftragte für Entnazifizierung u.a. die Auflösung der Remscheider Ausschüsse:

---

112 Vgl. Schreiben des Oberstadtdirektors an den Hauptausschuss vom 16.7.1948 in HastaD NW 1017-Gen.13.

113 Vgl. Schreiben des Hauptausschusses an die Stadthauptkasse Remscheid vom 6.1.1949 in HastaD NW 1017-Gen.13.

114 Schreiben Stadthauptkasse Remscheid an den Hauptausschuss vom 8.1.1949 in HastaD NW 1017-Gen.13.

115 Vgl. das am 19.3.1949 an den Sonderbeauftragten für Entnazifizierung zurückgesandte Formular „Statistische Erhebungen über die Einnahmen und Ausgaben der Entnazifizierung" in HastaD NW 1037-Gen.82.

116 Vgl. StaRs D100-66.

117 Vgl. Kap. 2.2.1.

Zuständig für Remscheid wurden nun der Haupt- und der Berufungsausschuss in Wuppertal. Am 21. April 1949 wurden die Akten des
Remscheider Berufungsausschusses, am 25. April die des Hauptausschusses an die Wuppertaler Ausschüsse übergeben.[119]

Drei Monate später wurden dann auch die Wuppertaler Ausschüsse
aufgelöst. Allein zuständig für die Entnazifizierung im Regierungsbezirk
Düsseldorf war ab dem 1. September 1949 der Hauptausschuss des
Regierungsbezirks, der wiederum am 12. Februar 1952 aufgrund des
Gesetzes zum Abschluss der Entnazifizierung in Nordrhein-Westfalen
aufgelöst wurde.[120]

Damit war die Entnazifizierung zu Ende. So konnte der Bitte der
28jährigen Hanna V. aus Lüttringhausen, die mit Schreiben vom 24. Mai
1952 und wieder am 3. Juni 1952 beim Regierungspräsidenten in
Düsseldorf um eine Entnazifizierungsbescheinigung nachsuchte, weil sie
nach Australien auswandern wollte, nicht mehr entsprochen werden.[121]

Die Neueröffnung von Entnazifizierungsverfahren war schon seit
Mitte Oktober 1949 nur noch für heimgekehrte Kriegsgefangene
möglich. Dies legte die Verordnung zum Abschluss der Entnazifizierung
vom 24. August 1949 fest.[122] Sie bestimmte ferner, „daß jeder, der in
Kategorie IV ohne Beschäftigungsbeschränkungen eingestuft worden
war, mit Wirkung vom 18. Dezember 1949 automatisch in Kategorie V
kam. Die Umstufungsgebühr betrug drei Mark."[123] Für die Kategorie IV

---

[118] In HastaD NW 1037-Gen.82, auch in Lange a.a.O. S.551–561.

[119] Vgl. das Übergabeprotokoll des Berufungsausschusses vom 21.4.1949 in HastaD NW
1037-Gen. 83. Schreiben der Abwicklungsstelle des Remscheider Hauptausschusses an
den Sonderbeauftragten für Entnazifizierung vom 26.4.1949 in HastaD NW 1037-
Gen.82. Der Berufungsausschuss tagte am 4.4.1949 zum letzten Mal. Vgl. Sitzungs-
tagebuch Bd.9 in HastaD NW 1029-1.

[120] Vgl. Findbuch Entnazifizierung des HastaD, Bd.3, S.1.

[121] Vgl. HastaD NW 1000-Gen.151.

[122] Vgl. Krüger a.a.O. S.66.

[123] Ebd.

mit Vermögensbeschränkungen fielen diese Beschränkungen am 18. Dezember 1949 weg. Das Abschlussgesetz hob schließlich sämtliche Beschränkungen der Kategorien III und IV auf. Damit war der Endpunkt der umstrittenen[124] Entwicklung hin zur Milde und zur völligen Rehabilitation erreicht: Die Betroffenen waren de iure wieder vollständig in die Gesellschaft integriert.

2.4.4. Das Schicksal der Ausschussmitglieder

Schon zwei Monate bevor der Remscheider Ausschuss im April tatsächlich aufgelöst wurde, erhielten die Mitglieder mit Schreiben der Stadt vom 14. Februar 1949 vorsorglich ihre Kündigung zum 31. März:

> *Da die Tätigkeit des Deutschen Entnazifizierungs-Hauptausschusses Remscheid voraussichtlich in Kürze zu Ende gehen wird, haben der Personalausschuß sowie der Haupt- und Finanzausschuß in ihren Sitzungen am 28.1. bezw. 7.2.1949 die Kündigung der Mitglieder dieses Ausschusses zum nächstmöglichen Termin beschlossen. [...]*[125]

Anlass für die Kündigung war allerdings nur das Gerücht, dass der Ausschuss bald aufgelöst werden sollte. Denn als das Personalamt der Stadt Remscheid am 16. Februar den Sonderbeauftragten über die ausgesprochene Kündigung informierte[126], nahm dieser diese Maßnahme zwar zur Kenntnis, stellte aber fest: „Von einer <u>Auflösung</u> des Entnazifizierungs-Hauptausschusses zum 31.3.1949 kann einstweilen noch nicht die Rede sein."[127] Die Eile, mit der die Stadt handelte und offenbar der offiziellen Auflösungsanordnung des Sonderbeauftragten vorgriff, deutet darauf hin, dass der Bereich Entnazifizierung in Remscheid nur noch als lästiger finanzieller Ballast galt.

---

[124] Die Frage, ob die Entnazifizierung gescheitert ist, kann – wie in der Einleitung dargelegt – im Rahmen der vorliegenden Untersuchung nur vorläufig beantwortet werden, da ihre Beantwortung eine grundlegende Untersuchung der Nachkriegsgeschichte Remscheids in dieser Hinsicht erfordert. Vgl. den Versuch einer vorläufigen Bewertung der Entnazifizierung in Kap. 4.

[125] Abschrift in HastaD NW 1037-Gen.82.

[126] Vgl. HastaD NW 1037-Gen.82.

[127] Schreiben des Sonderbeauftragten für Entnazifizierung an die Stadt Remscheid vom 22.2.1949 in HastaD NW 1037-Gen.82.

In einem Schreiben vom 26. März 1949[128] an die Parteien und Gewerkschaften in Remscheid lud der Vorsitzende des Entnazifizierungs-Hauptausschusses zu einem Treffen ein, auf dem über die wirtschaftliche Absicherung der Ausschussmitglieder beraten werden sollte.

Nahezu überall trat das Problem auf, dass ehemalige Mitarbeiter der Entnazifizierungs-Haupt- und Berufungsausschüsse Schwierigkeiten hatten, einen Arbeitsplatz zu bekommen oder wieder an ihren alten Arbeitsplatz zurückzugelangen.[129] In Remscheid aber hatten im Gegensatz zum Hauptausschuss die vier Beisitzer im Berufungsausschuss bei Beendigung der Entnazifizierung keine solchen Probleme. Aus einer Meldung vom 5. März 1949 an den Sonderbeauftragten für Entnazifizierung geht hervor, dass von ihnen nach Beendigung der Entnazifizierung zwei Invalidenrente beziehen und die anderen beiden in ihr altes Arbeitsverhältnis zurücktreten würden.[130]

Noch 1953 stellte Walter Dirks fest: „Es dürfte Gemeinden geben, in denen die negativen Folgen für das persönliche Leben einzelner Entnazifizierer noch heute fortdauern."[131] Auch in Remscheid fühlten sich die Ausschussmitglieder betrogen:

> *Für diese uneigennützige Tätigkeit, getragen von ehrlichem Wollen und Objektivität, einen Staat der Gerechtigkeit aufbauen zu helfen, wird ihnen jetzt der Stuhl vor die Türe gesetzt. Man fragt nicht, ob aus dieser Tätigkeit den Mitgliedern Schwierigkeiten entstanden sind. Es ist eine*

---

[128] In StaRs D100-114.

[129] Vgl. z.B. das Rundschreiben des Entnazifizierungsausschusses Mülheim-Ruhr vom 25.10.1948 in HastaD NW 1017-Gen.21: „Es ergibt sich nun die Tatsache, daß diese Leute teilweise in ihren alten Beruf als Angestellte nicht wieder zurückkehren können, weil ihre Stellen inzwischen besetzt worden sind. Es wurde ihnen anheimgestellt, eine Tätigkeit als Arbeiter aufzunehmen. Wir erblicken hierin eine große Ungerechtigkeit."

[130] In HastaD NW 1029-Gen.2 und NW 1037-Gen.83 (Kopie).

[131] Dirks, Walter: *Folgen der Entnazifizierung. Ihre Auswirkungen in kleinen und mittleren Gemeinden der drei westlichen Zonen.* Studie des Instituts für Sozialforschung 1953. In: Sociologica. Festschrift für Max Horkheimer. Frankfurt/M 1955 1974 , (S.445–470), S.457. Vgl. auch Krüger a.a.O. S.159: „Viele, die in den Entnazifizierungsausschüssen gearbeitet hatten, wurden später von der Bevölkerung wie Geächtete behandelt und mussten ihren Wohnort verlassen."

Selbstverständlichkeit, die Sache ist zu Ende und hinweg mit dem Ballast
„Entnazifizierung". [132]

Sie forderten eine angemessene Unterstützung bei der „Sicherstellung einer gesicherten wirtschaftlichen Existenz". [133] Ob die Stadt diesen Forderungen in irgendeiner Weise nachgekommen ist, konnte nicht ermittelt werden.

Ein Rundschreiben des Entnazifizierungsausschusses Mülheim-Ruhr vom 25. Oktober 1948, das sich auch in den Remscheider Akten findet, drückte es weniger verblümt aus:

> *Die Mitglieder des Entnazifizierungs-Ausschusses haben den Nazis den Weg in ihren alten Beruf wieder freigemacht und den Mitgliedern des Entnazifizierungs-Ausschusses wird der Weg verbaut.* [134]

2.5. Statistik

2.5.1. Die Zahl der Entnazifizierten in Remscheid

Aus den verfügbaren Quellen geht hervor, dass in Remscheid von der Besetzung bis Ende Dezember 1945 durch die amerikanischen und britischen Militärbehörden allein ungefähr 5000[135] Personen überprüft worden sind. Seit Beginn der Tätigkeit des Entnazifizierungs-Hauptausschusses am 4. April 1946 bis zum 31. März 1949 waren es insgesamt 16648 Personen. Diese 16648 Fälle unterteilen sich in 8813 in den ersten acht Monaten (4.4.1946 bis 30.11.1946), 6476 in den nächsten dreizehn (1.12.1946 bis 31.12.1947[136]) und nur noch 1359 in den letzten fünfzehn

---

[132] Zitat aus dem oben erwähnten Schreiben vom 26.3.1949 aus StaRs D100-114.

[133] Ebd.

[134] In HastaD NW 1017-Gen.21.

[135] Vgl. Neue Rheinische Zeitung Nr.51 (19.1.1946).

[136] Vgl. Bericht des Hauptausschusses vom 14.4.1948 an das Hauptamt der Stadt Remscheid in HastaD NW 1017-Gen.13. Die hier genannten Zeiträume ergeben sich aus der Vorlage in der Quelle. Erst für den Zeitraum ab Anfang 1948 liegen die monatlichen Statistiken vollständig vor.

Monaten (1.1.1948 bis 31.3.1949[137]). Die Zahl der hinzukommenden überprüften Fälle nahm im Laufe der Zeit also immer mehr ab.

Insgesamt dürften in Remscheid ungefähr 20000 Personen überprüft worden sein. Diese Schätzung berücksichtigt, dass von den bereits vor April 1946 von der Militärregierung überprüften Fällen eine ganze Reihe von den deutschen Ausschüssen wiederaufgenommen wurden und damit in der Statistik doppelt zählen.[138] Gemessen an der Einwohnerzahl Remscheids, die Anfang Dezember 1945 etwa 90000 betrug[139] und sich dann weiter erhöhte, hat fast jeder fünfte Bürger der Stadt das Entnazifizierungsverfahren durchlaufen.[140] Wenn man berücksichtigt, dass bei den Nicht-Entlasteten vor allem die Entlassungen und finanziellen Sanktionen meist eine ganze Familie trafen, so war ein noch weitaus höherer Prozentsatz indirekt von der Entnazifizierung betroffen.

2.5.2. Der Umfang der Entlassungen aus dem Beruf

Über das Ausmaß der Entlassungen gibt es keine Zahlen, die den gesamten Zeitraum bis Ende 1947 abdecken, nach dem keine Entlassungen mehr möglich waren: Allein in der Verwaltung, den Behörden und den Schulen der Stadt wurden von April 1945 bis Ende Dezember 1945 von der Militärregierung 454 frühere Nazis aus ihren Stellen

---

137 Vgl. die in HastaD NW 1017-Gen.20 vorliegenden Statistiken. Wie Max Loose in einem Interview (Rhein-Echo 1.2.1947) auf 16000 vom 4.4.1946 bis Februar 1947 bearbeitete Fragebögen kommt, ist mir unerklärlich, es sei denn, er zählt die von den Briten allein überprüften irrtümlich mit.

138 Meine Schätzung von 20000 insgesamt überprüften Personen resultiert aus den 5000 von den Besatzungsbehörden allein Überprüften zuzüglich 16648 von den deutschen Ausschüssen Überprüften weniger einer geschätzten Zahl von x doppelt gezählten Fällen. Wieviele Personen in der Statistik doppelt auftreten, konnte nicht ermittelt werden.

139 Vgl. das Schreiben der Stadt an die Militärregierung vom 3.12.1945 in StaRs D100-121b. Das Hinzuzählen von noch nicht entlassenen Kriegsgefangenen und noch nicht zurückgekehrten Evakuierten hat eine Gesamtzahl von annähernd 106000 Einwohnern zur Folge.

140 Das entspricht ungefähr dem Durchschnitt von Nordrhein-Westfalen, wie er sich aus Krügers Schätzung von etwa 2,5 Millionen Entnazifizierten bei 12 Millionen Einwohnern ergibt. Vgl. Krüger a.a.O. S.9.

entlassen.[141] Unter Beteiligung der deutschen Ausschüsse wurden vom 4.4.1946 bis zum 13.8.1946 563 Personen entlassen, 131 suspendiert und 179 von diesen beiden Gruppen wieder eingestellt.[142]

Wenn damit auch von den Deutschen in einem kürzeren Zeitraum mehr Entlassungen veranlasst worden sind als vorher unter alleiniger Bearbeitung durch die Besatzungsbehörden, ist es ein Trugschluss, die Beurteilung durch den deutschen Ausschuss für härter zu halten als die der Militärregierung. Denn die Zahl der Überprüften war höher. Im Zeitraum vom 1.12.1946 bis Ende Dezember 1947 – danach waren keine Entlassungen mehr möglich – hat der Remscheider Ausschuss in 354 Fällen die Entlassung vorgeschlagen.[143] Ungefähr 2000[144] Entlassungen dürften also schätzungsweise insgesamt ausgesprochen worden sein. Wie viele Personen wieder eingestellt wurden, lässt sich aufgrund der fehlenden Quellen nicht sagen.

2.5.3. Die Kategorisierungen

Von den 16648 insgesamt durch den deutschen Hauptausschuss überprüften Personen wurden von der Einführung der Kategorisierung Mitte Mai 1947 bis Anfang April 1949 9964 in Kategorien eingereiht, davon 777 in Kategorie III, 1045 in Kategorie IV und 8142 in Kategorie V. Die vor Mai 1947 überprüften Fälle wurden nachträglich kategorisiert.[145] Dabei hatten Fälle, bei denen eine Einreihung in Kategorie III oder IV abzusehen war, Priorität.[146] Potentielle Fälle für die Kategorie V wurden daher in Remscheid nur dann kategorisiert, wenn eine

---

[141] Vgl. Neue Rheinische Zeitung Nr.51 (19.1.1946).

[142] Vgl. den Bericht des Entnazifizierungs-Hauptausschusses an den Oberbürgermeister in StaRs D100-114.

[143] Vgl. den Bericht des Hauptausschusses vom 14.4.1948 an das Hauptamt der Stadt Remscheid in HastaD NW 1017-Gen.13.

[144] Diese Zahl setzt sich aus den obenerwähnten Zahlen (454, 563, 354) sowie aus der Schätzung über die Anzahl der in den nicht belegten Zeiträumen entlassenen Personen zusammen.

[145] In der Zeit vom 1. Januar 1948 bis Ende März 1949 – Daten für den Zeitraum Mitte Mai bis Ende Dezember 1947 liegen nicht vor – wurden noch 3530 sogenannte „alte" Fälle kategorisiert. Das geht aus der Differenz der Gesamtzahl untersuchter bzw. kategorisierter Personen in der Statistik von März 1949 aus HastaD NW 1000-Gen.291e hervor.

[146] Vgl. den Anhang „B" zur Zonen-Exekutiv-Anweisung Nr.54 vom 30.11.1946 in Lange a.a.O. S.292.

nochmalige Überprüfung der jeweiligen Person nötig wurde, wie etwa bei denjenigen, die für den Stadtrat kandidierten. Die Differenz zwischen 16648 behandelten und 9964 kategorisierten Fällen machen also Fälle aus, die in Kategorie V eingereiht worden wären.

Damit ist der Anteil der Entlasteten noch höher, als es allein aus den Zahlen der Verteilung auf die Kategorien hervorgeht. Dennoch zeigen die vorliegenden Schaubilder über die Kategorisierungen klare Tendenzen. In Schaubild 1 werden die Kategorisierungen, die noch unter britischer Verantwortung von Mai bis Dezember 1947 vorgenommen wurden, den Kategorisierungen unter deutscher Verantwortung gegenübergestellt. Es zeigt sich, dass der Anteil der in Kategorie V Eingeordneten im ersten Fall deutlich niedriger ist als im zweiten und dementsprechend in die Kategorien III und IV unter deutscher Verantwortung weniger Personen eingeordnet wurden als noch unter britischer. Der Prozentsatz der in die Kategorien III und IV Eingeordneten liegt im ersten Fall jeweils bei ungefähr 14%, dann nur noch bei 1% bzw. knapp 7%. Unter britischer Aufsicht wurde die Entnazifizierung also unnachgiebiger vorgenommen als unter deutscher.

Schaubild 2 vergleicht die durchschnittliche Verteilung der Kategorien in Remscheid mit dem Durchschnittswert für Nordrhein-Westfalen. Es fällt auf, dass die Tendenz deutlich übereinstimmt. In Remscheid aber ist der Anteil der Kategorie III mit 8,77% gegenüber 4,56% in NRW fast doppelt, der der Kategorie IV dagegen mit 11,46% gegenüber 20,46% nur etwas mehr als halb so groß wie im Landesdurchschnitt. Außerdem sind in Remscheid fünf Prozent mehr in Kategorie V eingereiht und damit entlastet worden. In Remscheid liegt also die Entlastung über dem Durchschnitt Nordrhein-Westfalens. Wenn dagegen belastet wurde, dann überdurchschnittlich hart.

Schaubild 3 zeigt, wie sich die Daten Remscheids im Vergleich zu vier anderen nordrhein-westfälischen Städten präsentieren. In diesen Städten ist der Trend – mit der Ausnahme Mönchengladbach für die Kategorien IV und V – überall der gleiche. Remscheid weist innerhalb dieser zufälligen[147] Auswahl den größten Anteil bei der Kategorie V und jeweils

---

[147] Nur die Daten dieser Städte fanden sich neben einer Remscheider Statistik in der angegebenen Quelle (HastaD NW 1000-Gen.291e).

den niedrigsten Anteil bei den anderen Kategorien auf. Damit illustriert das Schaubild mögliche regionale Unterschiede.

2.5.4. Die Berufungsverfahren

Schließlich kann man aus Schaubild 4 ersehen, dass die meisten Berufungsanträge unter deutscher Verantwortung Erfolg hatten. In den letzten beiden Monaten der Tätigkeit des Berufungsausschusses wurde keiner der gestellten Anträge mehr abgelehnt. Im Durchschnitt wurde gut dreiviertel aller Anträge positiv beschieden: Von Januar 1948 bis zum Ende der Tätigkeit des Ausschusses wurden von 470 Berufungsanträgen 108 abgelehnt, 362 wurde stattgegeben.[148] Die Tendenz zur Milde in der Beurteilung wird durch diese Beobachtung erneut bestätigt.[149]

---

[148] Die Daten stammen aus HastaD NW 1037-Gen.83.

[149] Darüber, wie sich die Entscheidungspraxis des Berufungsausschusses vor 1948 darstellte, kann aufgrund der fehlenden Daten keine Aussage gemacht werden.

Schaubild 1 (Prozentuale Anteile)

1.) Remscheid vom Beginn der Kategorisierungen (Mitte Mai 1947) bis Ende Dezember 1947. (Die deutschen Ausschüsse arbeiten unter britischer Aufsicht)

2.) Remscheid Januar 1948 bis Ende März 1949 (Die Verantwortung für die Entnazifizierung liegt nun in Händen der Landesregierung in Gestalt des Sonderbeauftragten für Entnazifizierung.)

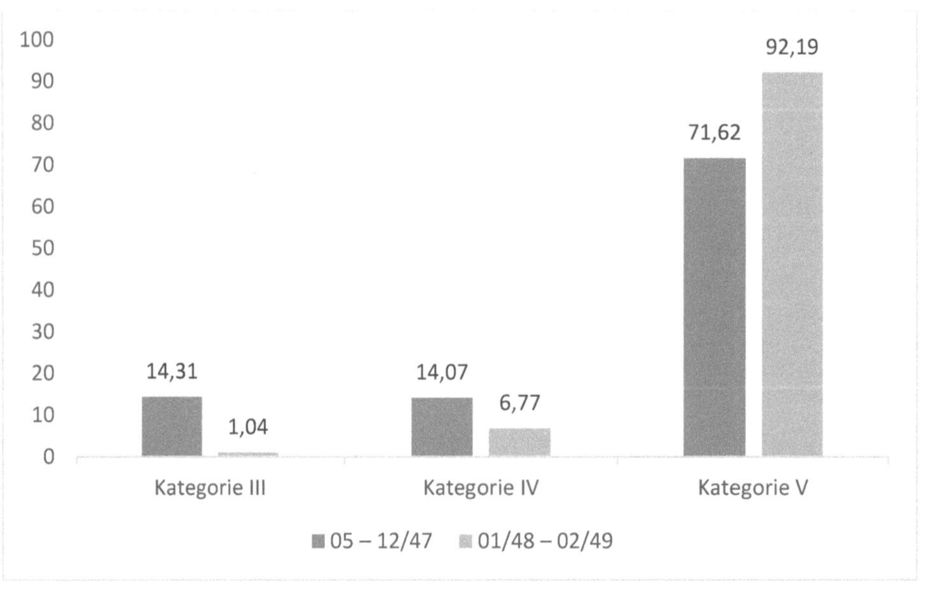

Daten:

	Mai–Dez. 1947	Jan.1948–März 1949
Kategorie III	14,31%	1,04%
Kategorie IV	14,07%	6,77%
Kategorie V	71,62%	92,19%

[Quelle für die Daten: Bericht des Hauptausschusses vom 14.4.1948 a.a.O., HastaD NW 1000-Gen.291e und NW 1017-Gen.20. Bei diesem und den folgenden Schaubildern lagen jeweils nur absolute Zahlen vor, die von mir aufbereitet werden mussten.]

Schaubild 2

1.) Remscheid vom Beginn der Kategorisierung bis Ende Dezember 1948.
2.) Nordrhein-Westfalen vom Beginn der Kategorisierung bis Ende Dezember 1948.

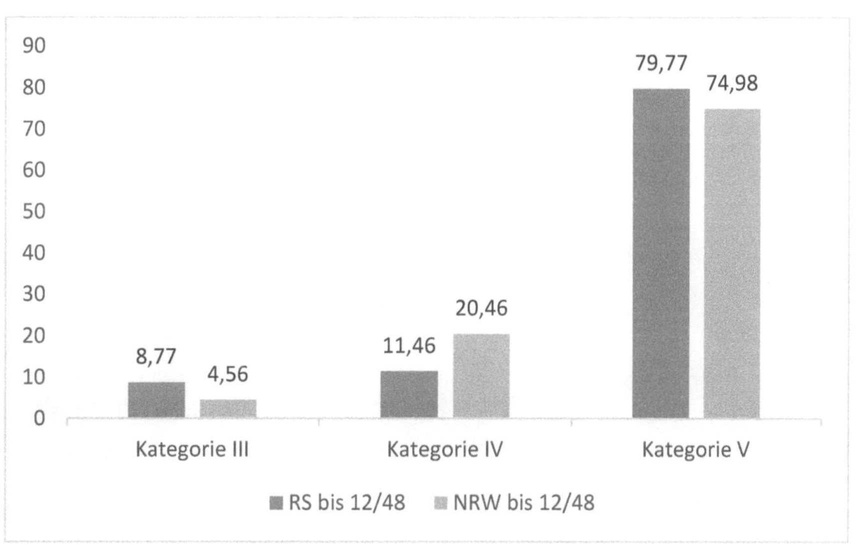

Daten:

	RS bis Dez.1948	NRW bis Dez.1948
Kategorie III	8,77%	4,56%
Kategorie IV	11,46%	20,46%
Kategorie V	79,77%	74,98%

[Quelle für die Daten: Daten für Remscheid aus dem Bericht des Hauptausschusses a.a.O. und aus HastaD NW 1000-Gen.291e. Daten für Nordrhein-Westfalen bei Lange a.a.O. S.59.]

Schaubild 3

Prozentuale Anteile der Kategorien in Krefeld, Mönchengladbach, Mettmann, Solingen (jeweils Januar 1948 bis April 1949) und Remscheid (Januar 1948 bis März 1949).

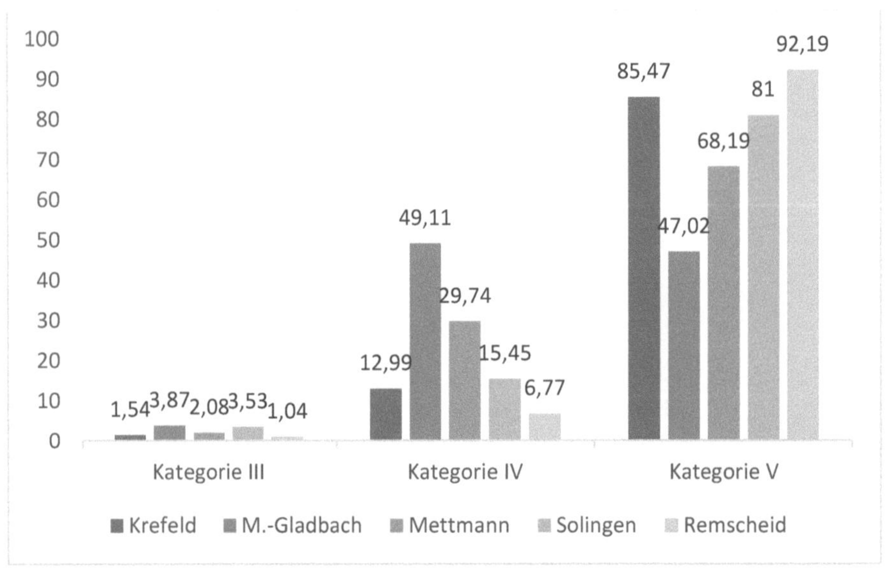

Daten:

	Kategorie III	Kategorie IV	Kategorie V
Krefeld	1,54%	12,99%	85,47%
M.-Gladbach	3,87%	49,11%	47,02%
Mettmann	2,08%	29,74%	68,19%
Solingen	3,53%	15,45%	81%
Remscheid	1,04%	6,77%	92,19%

[Quelle für die Daten: HastaD NW 1000-Gen.291e. Für Remscheid liegen für April 1949 keine Daten mehr vor.]

Schaubild 4

Entscheidungen des Remscheider Berufungsausschusses über Ablehnung oder Stattgabe von Anträgen im Zeitraum Januar 1948 bis April 1949 (Prozentanteile):

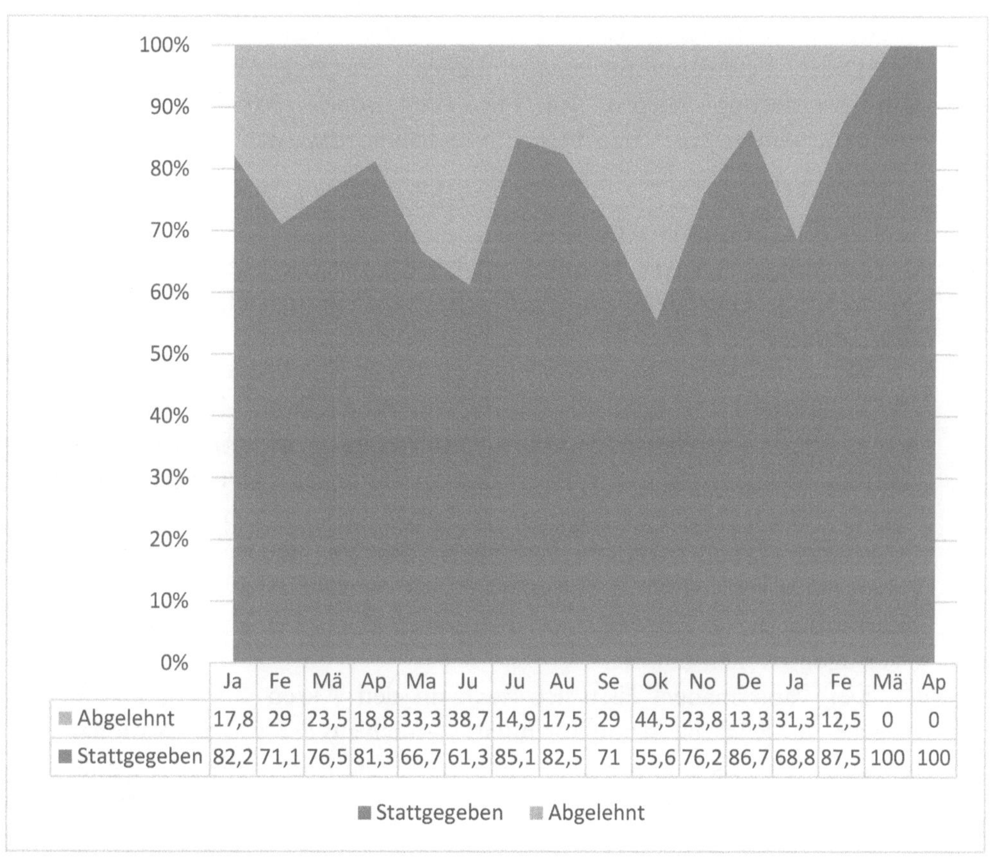

	Ja	Fe	Mä	Ap	Ma	Ju	Ju	Au	Se	Ok	No	De	Ja	Fe	Mä	Ap
Abgelehnt	17,8	29	23,5	18,8	33,3	38,7	14,9	17,5	29	44,5	23,8	13,3	31,3	12,5	0	0
Stattgegeben	82,2	71,1	76,5	81,3	66,7	61,3	85,1	82,5	71	55,6	76,2	86,7	68,8	87,5	100	100

[Quelle für die Daten: HastaD NW 1037-Gen.83.]

3. Probleme des Entnazifizierungsverfahrens

3.1. Arbeitshindernisse

Die Entnazifizierung setzte in Nordrhein-Westfalen mit dem Ende des Krieges bzw. mit der Besetzung durch amerikanische und britische Truppen ein und war erst mit dem Abschlussgesetz des nordrhein-westfälischen Landtags vom 12. Februar 1952 völlig beendet.[150] Dabei war allen Beteiligten an einer möglichst raschen Abwicklung der Entnazifizierung gelegen. Im Folgenden sollen Arbeitshindernisse genannt werden, die dazu beigetragen haben, dass sich die Entnazifizierungsarbeit über Jahre hinzog.

3.1.1. Die Mangelwirtschaft

Der Mangel an Arbeitsmitteln ist ein Kennzeichen der Nachkriegsverwaltung. Auch der Remscheider Entnazifizierungs-Hauptausschuss litt darunter.

An erster Stelle steht der Mangel an Papier als dem grundlegenden Arbeitsmittel einer Behörde. Die für die Abwicklung der Verfahren notwendigen Fragebögen und Formblätter konnten zwar immer wieder bei der Militärregierung, später beim Sonderbeauftragten angefordert werden. Schwierigkeiten aber gab es dabei, einfaches Schreibpapier zu beschaffen. Noch in einem Schreiben vom 28. Januar 1948 bat der Hauptausschuss den Sonderbeauftragten für Entnazifizierung neben den Formblättern um Schreibpapier, da die Stadt Remscheid dieses nicht zur Verfügung stellen konnte.[151]

Der Papiermangel lässt sich auch an den Akten ablesen. Häufig wurden die Rückseiten von Formularen – auch aus der Zeit des Nationalsozialismus – als Schreibpapier verwendet. Die Protokolle sind gerade am Anfang auf halben Seiten und Fetzen von Papier niedergelegt

---

150 Vgl. Kap. 2.4.3.
151 Vgl. HastaD NW 1017-Gen.15.

worden.[152] Eine Namenskartei des Verbindungsamtes, die die Verfügungen der Militärregierung zu den jeweiligen Personen enthält, besteht aus zugeschnittenen Pappstücken, aus Eintrittskarten etc.[153]

Neben den Papiermangel trat der Mangel an Schreibmaschinen. Ende April 1948 verfügte der Hauptausschuss mit seinen sechs Schreibkräften über lediglich fünf Schreibmaschinen, von denen eine in gutem, drei in mittelmäßigem und eine in schlechtem Zustand war.[154]

Ein weiteres Problem betraf den Telefonanschluss. Ende Februar 1948 beantragte der Hauptausschuss bei der Deutschen Reichspost, seinen bis dahin einzigen Telefonanschluss mit drei Nebenanschlüssen zu versehen. Der Apparat stand in einem Raum mit Publikumsverkehr und wurde von den drei Kammern mit ihren 15 Mitgliedern genutzt.[155]

Das letzte Beispiel für die damalige Mangelwirtschaft hat sich in folgender Aktennotiz erhalten:

> *Am 15.1.48 wurde ich beim städt. Heiz- und Maschinenamt wiederholt vorstellig, um Glühbirnen für den Entnazifizierungshauptausschuß anzufordern. Herr L. erklärte mir, daß er meinem Ersuchen nicht nachkommen könne, da er über keine Birnen verfüge und in absehbarer Zeit nicht zu ersehen wäre, daß wir beliefert werden könnten.*[156]

Am 6. Februar wandte sich der Ausschussvorsitzende höchstpersönlich an das Hauptamt und bat um mindestens drei bis vier Glühbirnen. Am 9. Februar wurden endlich sieben Stück geliefert.[157]

3.1.2. Bürokratische Hemmnisse

Neben dem Mangel an Arbeitsmaterial beeinträchtigten auch bürokratische Hemmnisse die Arbeit: Formularflut und Verordnungswirrwarr.

---

[152] Vgl. die Protokolle in HastaD NW 1017-Gen.9–12.

[153] Vgl. StaRs D100-133.

[154] Meldung des Hauptentnazifizierungsausschusses an das Hauptamt vom 29.4.1948 in HastaD NW 1017-Gen.13.

[155] Vgl. HastaD NW 1017-Gen.13.

[156] HastaD NW 1017-Gen.13.

[157] Vgl. HastaD NW 1017-Gen.13.

Schreiben verschiedenster Art, die zu verfassen waren, Protokolle, Formulare, Karteien etc.: Die Beteiligung mehrerer Instanzen an der Entnazifizierung – Unter-, Haupt- und Berufungsausschüsse, PSSB bzw. Sonderbeauftragter für Entnazifizierung – sowie der Verfahrensablauf selbst brachten einen hohen bürokratischen Aufwand mit sich, der den Fortgang der Entnazifizierung aufhielt.[158] Schon der Vorsitzende des Hauptausschusses, Max Loose, stellte in einem Interview fest:

> *Es wäre zu wünschen, daß die Entnazifizierung beschleunigt würde. Das läßt sich aber schon allein aus technischen Gründen schlecht durch-führen.*[159]

Eine weitere Behinderung der Arbeit der Entnazifizierungsausschüsse bestand darin, dass die Verordnungen, nach denen gearbeitet werden sollte, laufend widerrufen oder ergänzt wurden.[160] Häufig musste deshalb bei der PSSB bzw. in späterer Zeit dann beim Sonderbeauftragten für Entnazifizierung nachgefragt werden.[161] Auch Kompetenzstreitigkeiten, die zwischen dem Haupt- und dem Berufungsausschuss bestanden haben und belegt sind, hatten ihre Ursache in der gegensätzlichen Auslegung von Verordnungen. Der folgende Fall macht den damals bestehenden Verordnungswirrwarr[162] besonders deutlich:

Am 11. März 1948 bat der Berufungsausschuss den Sonder-beauftragten für Entnazifizierung um eine Stellungnahme darüber, ob Fälle, die noch von der Militärregierung zur erneuten Verhandlung zugelassen worden waren, durch den Haupt- oder aber durch den Berufungsausschuss weiter bearbeitet werden sollten. Diese Anfrage

---

158 Dazu Krüger a.a.O. S.51: „Die Entnazifizierung war auf dem besten Wege, sich durch einen immensen Verwaltungsaufwand und Papierkram totzulaufen."

159 Vgl. Rhein-Echo, 1.2.1947 (Interview mit Max Loose).

160 Vgl. Lange a.a.O. S.5 und Krüger a.a.O. S.15. Vgl. auch Kap. 1.2.

161 Vgl. z.B. Schreiben des Berufungsausschusses an die örtliche Militärregierung vom 9.6.1947 in StaRs D100-99.

162 Dazu wieder Krüger a.a.O. S.45: „Für die deutschen Ausschüsse bedeutete das Hin und Her mit den neuen Entnazifizierungsverordnungen nur zusätzliche Arbeit und eine zeitliche Verschleppung der Verfahren. Kaum einer durchschaute noch die Zusammen-hänge, die zwischen den einzelnen Verordnungen und Verfahrensabläufen bestanden."

bezog sich nur auf Fälle, die das Berufungsverfahren durchlaufen hatten.[163]

In seinem Antwortschreiben vom 17. März teilte der Sonderbeauftragte mit, dass Wiederaufnahmeverhandlungen vor dem Ausschuss stattzufinden hätten, der die letzte Entscheidung gefällt hatte.[164] Zwei Tage später berichtete der Berufungsausschuss erneut dem Sonderbeauftragten, dass der Hauptausschuss diese Weisung missachtet habe:

> *Vielmehr beruft sich der Hauptausschuß auf eine angebliche Anweisung der Militär-Regierung, wonach ungeachtet Ihrer Auffassung und Entscheidung diese Fälle ohne Ausnahme vom Hauptausschuß bearbeitet werden sollen und dessen neuerliche Entscheidung endgültig sei.*[165]

Am 25. März konnte der Berufungsausschuss die Anweisung der Remscheider Militärregierung, die er inzwischen selbst erhalten hatte, dem Sonderbeauftragten für Entnazifizierung mitteilen: „The Panel will deal with all re-opening cases but the persons concerned will still have the right of appeal to the Review Board."[166] Er bat nun darum, dass der Sonderbeauftragte den Hauptausschuss und die Militärregierung darüber informierte, dass der Berufungsausschuss für Wiederaufnahmeverfahren zuständig sei, bei denen er die bisher letzte Entscheidung gefällt hatte.[167]

Doch der Sonderbeauftragte bestätigte am 7. April die Ansicht der Militärregierung, und in seinem Schreiben vom 13. April widerrief er sogar seine ursprüngliche Auskunft:

> *Die mit meinem Schreiben vom 17.3.1948 gegebene Anweisung, die Verhandlung der Wiederaufnahmefälle vor dem Ausschuß stattfinden zu*

---

163 Vgl. HastaD NW 1029-Gen.2.

164 Vgl. ebd.

165 HastaD NW 1029-Gen.2 (Kopie) und NW 1037-Gen.83 (Original).

166 HastaD NW 1029-Gen.2. Übersetzung [R.S.]: „Der Hauptausschuss wird sich mit allen Wiederaufnahmefällen befassen, aber die Betroffenen werden immer noch das Recht auf einen Antrag an den Berufungsausschuss haben."

167 Vgl. ebd.

lassen, der die letzte Entscheidung gefällt hat, ist überholt. Ich verweise dieserhalb auf das Rundschreiben Nr.17 vom 2. April, Ziff.II. [168]

Eine andere Frage trat kurze Zeit später auf, als sich diesmal der Hauptausschuss am 14. April 1948 an den Sonderbeauftragten wandte:

> *[Es bestehe] zwischen dem Berufungsausschuß und dem Vorsitzenden des Hauptausschusses die gegensätzliche Meinung, daß Entlastungszeugnisse nach Berufung vom Vorsitzenden des Berufungsausschusses bzw. vom Vorsitzenden des Hauptausschusses auszufertigen sind. Wir bitten daher um Ihre Entscheidung, ob [...] auch die Entlastungszeugnisse für Personen, die nach Berufung in Kategorie V eingestuft sind, vom Vorsitzenden des Berufungsausschusses auszufertigen sind.* [169]

In diesem Fall war laut Schreiben des Sonderbeauftragten vom 21. April der Berufungsausschuss für die Ausstellung des Entlastungszeugnisses zuständig. [170]

Symptom für den Verwaltungswirrwarr sind auch Irrtümer wie der folgende: Am 30. Januar 1949 schrieb Frau H. aus Stolberg/Rheinland an den Remscheider Hauptausschuss, dass sie einen Brief erhalten habe, der an ihren vor 28 Jahren verstorbenen Mann Paul gerichtet sei. Sie sei sich nicht sicher, ob der Fragebogen wirklich für ihn gedacht sei – „Den Fragebogen könnte ich ja nun ausfüllen, aber ich müsste ihn ohne Unterschrift abschicken." – oder für sie selbst. [171] Am 5. Februar antwortete der Ausschuss:

> *Wie wir aus Ihrem obigen Schreiben ersehen, ist Ihr Ehemann bereits vor 28 Jahren verstorben. Eine Überprüfung Ihrer Versorgungsbezüge ist daher nicht mehr erforderlich und bitten Sie, die Angelegenheit als erledigt zu betrachten.* [172]

Ein weiteres Versehen bestand darin, dass der bereits verhandelte Fall des H. im Amtlichen Mitteilungsblatt erneut als zur Verhandlung anstehend angekündigt wurde. [173]

---

168 HastaD NW 1029-Gen.2.
169 HastaD NW 1037-Gen.19c.
170 Vgl. HastaD NW 1037-Gen.19c.
171 Das Schreiben befindet sich in HastaD NW 1017-Gen.21.
172 In HastaD NW 1017-Gen.21.
173 Vgl. das Schreiben des Hauptausschusses an den betroffenen H. vom 1.2.1949 in HastaD NW 1017-Gen.21.

3.2. Differenzen unter den Ausschussmitgliedern

Bei dem brisanten Gegenstand der Verhandlungen der Entnazifizierungsausschüsse und den verschiedenen politischen Ansichten ihrer Mitglieder ist es leicht vorstellbar, dass Entscheidungen nicht immer einmütig getroffen wurden und es zu Verstimmungen kommen konnte. In den Akten findet sich ein solcher Vorgang dokumentiert. Es handelt sich um Streitigkeiten zwischen dem Beisitzer B. im Berufungsausschuss und einem der Vorsitzenden, dem Rechtsanwalt S.

S. schrieb mit Datum vom 24. Mai 1948 an den Sonderbeauftragten, dass er aufgrund eines Vorfalles während einer Verhandlung solange keine Sitzung mehr leiten wolle, bis seine Stellung als Vorsitzender geklärt sei. B. habe seine Verhandlungsführung und Fragestellung kritisiert, anscheinend in der Angst, dass die Sitzung nicht vor 14h – wie er es wollte – beendet würde. S. habe nach Einzelheiten der Motorbootstürme des NSKK gefragt, um dem Betroffenen nachweisen zu können, dass er nicht allein aus motorbootsportlichem Interesse in das NSKK eingetreten sei.[174]

Aus der Sicht von B., der vom Sonderbeauftragten für Entnazifizierung zur Stellungnahme aufgefordert wurde, stellte sich der Sachverhalt folgendermaßen dar: Er habe um 14h eine wichtige Sitzung in einer gewerkschaftlichen Organisation gehabt. S. habe sich, da er anscheinend selbst Wassersportler sei, für die Bauart von Motorbooten und wo sie gefahren werden interessiert.[175]

Der Sonderbeauftragte entschied am 26. Juni 1948:

> *Die Beschwerde des Herrn Rechtsanwalts S. ist gerechtfertigt. Herr S. als Vorsitzender des Ausschusses ist berechtigt, alle Fragen an den Betroffenen zu richten, die er für erforderlich hält. [...]*[176]

Dieser Vorgang war allerdings schon der zweite aktenkundig gewordene Zwist zwischen B. und S. Bereits am 19. Februar 1948 hatte B. eine Beschwerde über S. an den Sonderbeauftragten gesandt, in der er S. unkorrektes Verhalten vorgeworfen hatte.[177]

---

174 Vgl. HastaD NW 1037-Gen.83.

175 Stellungnahme vom 19.6.1948 in HastaD NW 1037-Gen.83.

176 HastaD NW 1037-Gen.83.

177 Vgl. HastaD NW 1029-Gen.2.

Obwohl der Rechtsanwalt in seiner Sicht der Dinge vom Sonderbeauftragten bestätigt wurde, nahm er seine Arbeit nicht wieder auf. Fortan wechselten sich nur noch zwei Rechtsanwälte im Vorsitz des Berufungsausschusses ab.

3.3. Korruption und Begünstigung

Bevor im Folgenden zwei Fälle vorgestellt werden, die auf Korruption und Begünstigung bei der Entnazifizierung hinweisen, soll die Bezahlung der Ausschussmitglieder Thema eines Exkurses sein, der auch Hinweise auf den Stellenwert der Entnazifizierer aus der Sicht von britischen und deutschen Stellen gibt.

3.3.1. Exkurs: Die Bezahlung der Ausschussmitglieder

Die Mitglieder des Hauptentnazifizierungsausschusses, die ihre Tätigkeit hauptamtlich ausübten, wurden mit einem Gehalt entlohnt, das Korruption vorbeugen sollte. Der Vorsitzende erhielt 660 RM, die Beisitzer erhielten je 400 RM brutto. Im Berufungsausschuss wurde nach Sitzungstagen bezahlt, von denen es im Durchschnitt 14 pro Monat gab.[178] Der Vorsitzende erhielt 60, die Beisitzer erhielten 50 RM pro Tag.[179] Die Mitglieder der Unterausschüsse erhielten keine Vergütung, sondern wurden lediglich von ihren Arbeitgebern für die Dauer ihrer Tätigkeit im Ausschuss freigestellt.

Im nachfolgend geschilderten Vorgang um die Bezahlung der Ausschussmitglieder zeigt sich, welch einen hohen Stellenwert die örtliche britische Militärregierung im Gegensatz zu den deutschen Stellen der Entnazifizierung beimaß:

In einem vertraulichen Schreiben an den Oberbürgermeister schlug die Militärregierung Remscheid am 27. Mai 1947 vor, die Bezahlung für Mitglieder des Hauptausschusses von 400 RM brutto bis auf 400 RM netto monatlich zu erhöhen, wenn sich jedes Mitglied verpflichte, mindestens 20 volle Arbeitstage im Monat zu arbeiten. Zur Begründung hieß es:

---

[178] Vgl. Kap. 2.2.3.

[179] Vgl. StaRs D100-47. Nach der Währungsreform 1948 wurden die gleichen Beträge in DM gezahlt.

It is recognized that the Panel is doing important full-time work and it is suggested that, if they could obtain this extra money, it would be an encouragement to their initiative and zeal. It would be appreciated, if this suggestion would be treated in a confidential manner, as it is understood that an increase in salary has only been granted in one other area. [180]

Remscheid hätte also bei der Bezahlung seiner Hauptausschussmitglieder eine Vorreiterrolle übernommen. Doch hielt der Haupt- und Finanzausschuss in einem Schreiben vom 9. Juni an die Militärregierung eine Erhöhung der Entschädigung nicht für angemessen, da schon das bisher gezahlte Gehalt von 400 RM brutto dem eines Oberinspektors in der Stadtverwaltung entspreche, der dafür 27 Tage im Monat arbeiten müsse, die Ausschussmitglieder aber nur 20:

Eine bevorzugte Herausstellung der Mitglieder des Entnazifizierungsausschusses müßte aber zu Rückwirkungen auf die Beamten und Angestellten mit langjähriger Vorbildung führen, die der Haupt- und Finanzausschuß nicht glaubt, auf sich nehmen zu dürfen. [181]

Für die Stadt war die Entnazifizierung nur ein Problem unter vielen und daher eine besondere Bevorteilung der Entnazifizierer nicht erwünscht.

3.3.2. Der Fall Loose

Trotz ihres relativ guten Gehaltes – es entsprach wie erwähnt dem eines Oberinspektors in der Stadtverwaltung – waren einzelne Entnazifizierer für Bestechungsversuche anfällig. Direkt nachweisen lässt sich nicht viel, doch darf auch für Remscheid angenommen werden, dass Korruption und Begünstigung auf der Tagesordnung standen. [182] Ein ehemaliges Mitglied des Entnazifizierungsausschusses berichtete von

---

[180] StaRs D100-121a. Übersetzung [R.S.]: „Man erkennt an, das der Hauptausschuss wichtige Ganztagsarbeit verrichtet, und es wird nahegelegt, dass, wenn sie diese Gehaltszulage erhalten könnten, es ein Ansporn für ihre Initiative und ihren Eifer bedeuten würde. Man würde dankbar dafür sein, wenn dieser Vorschlag in vertraulicher Weise behandelt würde, da dem Vernehmen nach eine Gehaltserhöhung nur in einem einzigen anderen Bezirk gewährt worden ist."
[181] StaRs D100-121a.
[182] Vgl. Krüger a.a.O. S.35.

Bestechungsversuchen, wies aber für seine Person den Vorwurf der Bestechlichkeit zurück. Dieses Mitglied wusste allerdings von einem Fall von Begünstigung zu berichten. Ein belasteter Nazi hatte aufgrund der Tatsache, dass er der Sohn eines FDP-Mitgliedes im Entnazifizierungs-Hauptausschuss war, eine ungewöhnlich milde Beurteilung erfahren.[183]

Darüber hinaus waren die folgenden Begebenheiten die einzigen Indizien, die sich für Korruption und Begünstigung in den Akten finden ließen:

Nachdem der erste Vorsitzende des Hauptausschusses Anfang 1947 aus gesundheitlichen Gründen sein Amt aufgegeben hatte, waren Gerüchte im Umlauf, dass außer den gesundheitlichen noch andere Gründe eine Rolle gespielt hatten, wie aus einem Artikel im Amtlichen Mitteilungsblatt hervorgeht:

> *Herr Maximilian Loose mußte sich kürzlich ins Krankenhaus begeben. [...] Seit diesem Zeitpunkt wurden in Remscheid Gerüchte verbreitet, daß Herr Loose von seiner Stellung entlassen worden ist. Diese Gerüchte entsprechen nicht der Tatsache und entbehren jeder Grundlage. Personen, die solche Gerüchte verbreiten, werden von der Militärregierung strafrechtlich verfolgt.*[184]

Dieses Dementi verstärkte den Verdacht, dass die gesundheitlichen Gründe nur vorgeschoben waren. Das oben erwähnte ehemalige Ausschussmitglied bestätigte, dass Loose wegen Unregelmäßigkeiten entlassen worden war.[185] Im Oktober 1947 berichtete die „Freiheit":

> *Die Korruptionszustände im Büro des Vorsitzenden des Hauptausschusses, Max Loose, müssen so enorme Formen angenommen haben, daß die ehemalige Sekretärin ihre Mitarbeit ablehnte, ihr wurde daraufhin der Stuhl vor die Tür gesetzt.*[186]

Im gleichen Artikel wurde Loose vorgeworfen, er habe den Fall des W., eines Mitinhabers einer Fabrik, über ein halbes Jahr lang verschleppt

---

183 Tonbandinterview David Thompsons mit einem ehemaligen Mitglied des Remscheider Entnazifizierungs-Hauptausschusses vom 30.11.1988. [Herr Thompson stellte mir freundlicherweise dieses Tonband zur Verfügung.] Vgl. auch Thompson: *Die Entnazifizierung in Remscheid* a.a.O.
184 Amtliches Mitteilungsblatt Nr.163 (8.3.1947), S.1.
185 Vgl. das Tonbandinterview a.a.O.
186 Freiheit 3.10.1947.

und dafür Werkzeug im Wert von 1500 Reichsmark erhalten. Die Personalakte des W. liefert dafür keine Beweise. Im Gegenteil wurde W. schon mit Wirkung vom 15. Februar 1946 die Weiterführung seiner leitenden Funktion in der Fabrik untersagt, zu einer Zeit also, als der deutsche Ausschuss noch gar nicht tätig war. Es ist allerdings auch denkbar, dass die Akte unvollständig ist.

3.3.3. Der Fall U.

Bei der zweiten Unregelmäßigkeit, die aus den Akten zu erkennen ist, handelt es sich um einen Fall von Begünstigung bzw. Strafvereitelung im Jahr 1948. Betroffen war erneut ein Vorsitzender des Remscheider Hauptausschusses, U. Ein Mitglied des Berufungsausschusses Wuppertal war in einer Strafakte auf den Nachweis gestoßen, dass ein Remscheider Gastwirt 1944 einen holländischen Zivilarbeiter bei der Gestapo denunziert hatte, woraufhin dieser für neun Monate inhaftiert wurde. Das Berufungsausschussmitglied gab diese Information an den Remscheider Hauptausschuss weiter, „um ihm Gelegenheit zu geben zur Prüfung der Frage, ob ihm dieser Umstand bei der Entnazifizierung und Kategorisierung des Gastwirts bekannt war."[187]

Als er sein Aktenstück zurückbekam, konnte er erkennen, dass man davon keine Kenntnis genommen hatte. Er ließ daher am 9. März 1948 dem Remscheider Hauptausschuss Fotokopien der Sache zukommen. Daraufhin geschah folgendes:

Am 10. März 1948 erschien der Wirt [..] um neun Uhr morgens im Rathaus Wuppertal zu einer Unterredung mit mir, nachdem er mich am Vortage zur gleichen Zeit nicht hatte sprechen können. Auf meine Frage, warum er käme und warum er ausgerechnet zu mir käme, antwortete er sinngemäß folgendes: Am Samstag, dem 6. März 1948, sei der Vorsitzende des Hauptausschusses Remscheid [...] bei ihm gewesen und habe in seiner Eigenschaft als Vorstandsmitglied irgendeines Vereines mit ihm wegen der Miete seines Saales verhandelt, weil sein Verein dort eine Veranstaltung plante. Nach Abschluß der Verhandlung habe [er] [..] ihm dann gesagt, nun müsse er ihm noch etwas mitteilen: es läge da eine Kleinigkeit gegen ihn vor, nämlich die Unterrichtung des Entn.-Ausschusses Remscheid über seine damalige Anzeige gegen den Holländer. Er [..]

---

[187] Aus dem Bericht des Wuppertaler Berufungsausschussmitglieds an den Sonderbeauftragten für Entnazifizierung vom 16.3.1948 in HastaD NW 1037-Gen.253d.

käme nun heute zu mir, weil [der Vorsitzende] [..] ihm meinen Namen genannt habe als Urheber der Meldung; er stellte ihm anheim, sich mit mir in Verbindung zu setzen, um vor allem zu erreichen, daß ich nicht außerdem dem holländischen Konsulat Mitteilung mache von seiner damaligen Anzeige. [188]

Der Vorsitzende des Remscheider Hauptausschusses hatte also sein internes Wissen über die Belastung seines Bekannten an diesen weitergegeben und ihm darüber hinaus geraten, sich mit dem Mitglied des Wuppertaler Berufungsausschusses in Verbindung zu setzen. Der Wirt, seit 1933 NSDAP-Mitglied, war in Remscheid lediglich in Kategorie V eingereiht worden. Diese neue Belastung konnte ihm also erheblich schaden.

Das Wuppertaler Berufungsausschussmitglied meldete den Vorfall dem Sonderbeauftragten für Entnazifizierung in Düsseldorf, der wiederum U. zur Stellungnahme aufforderte. [189] Die erste Antwort war so nichtssagend, dass der Sonderbeauftragte ausdrücklich eine Stellungnahme im Einzelnen verlangte, die innerhalb von zwei Wochen abzugeben war. [190]

U. gab sich wieder wortreich, musste aber im Wesentlichen zugeben, dass die Angaben seines Wuppertaler Kollegen stimmten [191], der sogar zu einem persönlichen Gespräch zum Sonderbeauftragten bestellt wurde. [192] Der Sonderbeauftragte wiederum ließ sich aus Remscheid die Akten des Wirtes kommen. [193] Gegen diesen wurde schließlich ein Strafverfahren eingeleitet, das dann aber mit Zustimmung der Militärregierung im

---

188 Ebd.

189 Vgl. ebd. das Schreiben des Sonderbeauftragten an U. vom 19.3.1948.

190 Vgl. ebd. das Schreiben U.'s vom 25.3.1948 und das Schreiben des Sonderbeauftragten vom 2.4.1948.

191 Vgl. ebd. das Schreiben U.'s vom 8.4.1948.

192 Das geht aus einem Schreiben des Entnazifizierungs-Hauptausschusses Wuppertal vom 19.4.1948 an den Sonderbeauftragten ebd. hervor.

193 Das geht aus dem Begleitschreiben des Remscheider Hauptausschusses zu den Akten vom 20.5.1948 ebd. hervor.

Dezember 1948 eingestellt wurde, „da die vorhandenen Verdachtsgründe zur Überführung des Beschuldigten nicht ausreichen."[194]

Der Vorsitzende U. erlitt keinen Schaden durch die Angelegenheit, ihm wurde lediglich, wie aus einer Aktennotiz des Sonderbeauftragten für Entnazifizierung vom 5. Mai 1948 hervorgeht, „die Mißbilligung über sein Verhalten zum Ausdruck gebracht."[195]

3.4. Die Beurteilung

Die Beurteilung der Betroffenen stützte sich neben den Angaben im Fragebogen auf die Aussagen von Entlastungs- und Belastungszeugen, von denen zunächst die Rede sein soll. Weiter soll in diesem Kapitel der Versuch unternommen werden, wichtige Beurteilungskriterien und ihren Wandel anhand von Fallbeispielen darzustellen.

3.4.1. Entlastung und Belastung

Eine wichtige Rolle für die Entlastung der Betroffenen spielten die sogenannten „Persilscheine", Entlastungszeugnisse, die den Betroffenen „rein wuschen". Einige Personen legten gleich Dutzende davon vor.[196] Neben den Entlastungsschreiben war es vorteilhaft, für die Verhandlung selbst Zeugen benennen zu können.

Entlastungsschreiben von bekannten Antifaschisten erzielten die größte Wirkung.[197] Es wurde allerdings ein solcher Missbrauch mit den Entlastungsschreiben betrieben – unbelastete Nachbarn, Bekannte oder auch fremde Personen stellten sie gegen Gefälligkeiten oder aus Freundschaft massenhaft aus –, dass sich der Remscheider Ausschuss zu einer öffentlichen Stellungnahme im Amtlichen Mitteilungsblatt veranlasst sah:

In letzter Zeit haben die den Fragebögen beigefügten Entlastungsschreiben einen solchen Umfang angenommen, daß sich der Hauptent-

---

194 Ebd. Schreiben der Oberstaatsanwaltschaft Wuppertal vom 18.12.1948 an den Sonderbeauftragten.

195 Ebd. Aktennotiz des Sonderbeauftragten vom 5.5.1948.

196 Vgl. den Kommentar in der „Freiheit" vom 14.10.1947 zu diesem Problem: „Ein besonderes Kapitel der heutigen Zeit ist die Emsigkeit der Leute, die zur Verschleierung ihrer Vergangenheit in allen Stadtwinkeln herumstöbern, um Entlastungsunterschriften zu sammeln. Zu diesen zählt auch der ehemalige Nazi-Bürgermeister Benscheid. [...]"

197 Vgl. die Empfehlung eines Antifaschisten für D. im Anhang (II).

nazifizierungsausschuß gezwungen sieht, die Bevölkerung ernstlich zu ermahnen, von der leichtfertigen Ausstellung solcher Erklärungen und Leumundszeugnisse, die einer genauen Nachprüfung nicht standzuhalten vermögen, Abstand zu nehmen. [...] Der Aufbau einer wahren Demokratie ist in Deutschland nur dann möglich, wenn es gelingt, alle ehemaligen aktiven und über den Rahmen bloßer Mitgliedschaft hinausgehenden Nationalsozialisten aus einflußreichen Stellungen in öffentlichen Ämtern und Privatunternehmen zu entfernen und durch politisch und moralisch geeignete Personen zu ersetzen. Diesem nicht entgegenzuwirken, sollte die Aufgabe der gesamten Bevölkerung sein. [198]

Stand am Anfang der Tätigkeit der Remscheider Ausschüsse die Sorge um den Missbrauch dieser Möglichkeit, Entlastungsgründe vorzuweisen, so war die Entnazifizierung zum Ende hin so sehr zum Rehabilitationsinstrument geworden, dass bei den im Amtlichen Mitteilungsblatt zur Verhandlung angekündigten Fällen die Vorlage von Entlastungsschreiben gleich mit angeregt wurde:

[Den Betroffenen] *wird anheimgestellt, bis zum 15. Januar 1949 vier eidesstattliche Erklärungen von Zeugen beizubringen, aus denen ihre Haltung zum Nationalsozialismus klar hervorgeht. Die Aussteller dieser Erklärungen dürfen nicht Mitglied der NSDAP gewesen sein und nicht mit ihr sympathisiert haben. Dies sowie die genaue Anschrift der Zeugen muß aus den Erklärungen ersichtlich sein. Sind dem Fragebogen bereits früher solche Erklärungen beigefügt worden, sind weitere nicht erforderlich.* [199]

Entlastungszeugen zu finden, fiel demnach auch vielen der stärker Belasteten nicht schwer. Dagegen waren nur wenige Belastungszeugen dazu bereit, Erklärungen abzugeben oder gar in der Verhandlung auszusagen. Dafür gab es verschiedene Gründe: Fast jede Familie hatte „ihren Nazi". Das führte zu einer falschen Solidarität mit den Belasteten anderer

---

198 Amtliches Mitteilungsblatt Nr.149 (7.12.1946), S.1. Die gleiche Stellungnahme wurde auch abgedruckt im Rhein-Echo vom 7.12.1946.
199 Amtliches Mitteilungsblatt Nr.1 (8.1.1949), S.2.

Familien.[200] Weiter konnten gerade Personen in leitenden Stellungen Druck auf mögliche Belastungszeugen ausüben:[201]

> *Man kann uns nicht vorwerfen, daß der kleine Mann bestraft würde, während die Großen mit einem blauen Auge davonkämen. Leider ist es aber so, daß viele Arbeitgeber beim Hauptausschuß durch Zeugenaussagen schwer belastet werden und die gleichen Zeugen ihre Aussagen vor der Spruchkammer dann abschwächen oder widerrufen.[202]*

Der Vorwurf: „Die Kleinen hängt man, die Großen lässt man laufen", der vor allem von der KPD erhoben wurde[203], entbehrte aus folgenden Gründen nicht jeder Grundlage: Neben dem Druck, den Personen in leitenden Positionen ausüben konnten, ist zu berücksichtigen, dass vermögende Personen – wie etwa Fabrikanten – eher einen Bestechungsversuch machen konnten als etwa einfache Arbeiter mit einer gleich schweren Belastung. Ferner gaben die Popularität, die manche schwer belasteten Personen noch besaßen, und die Ausnutzung ihrer alten Verbindungen ihnen weit mehr die Möglichkeit, Entlastungsschreiben und Entlastungszeugen beizubringen, als es vergleichsweise weniger Belasteten möglich war.

Neben den unwilligen Belastungszeugen gab es noch die Denunzianten, die z.B. hofften, einen ihrer Karriere im Wege stehenden Kollegen durch Verunglimpfung als Nazi behindern zu können. Zwei Beispiele aus den Akten illustrieren mögliche Motive der Denunzianten:

H., Teilhaber eines Kinos in Remscheid-Lennep, klagte auf Ausschluss seines Mitteilhabers M., der die Teilhaberschaft von der Witwe M. übernommen hatte. Die Witwe M. verleumdete H. gegenüber dem Personal und erreichte dadurch, dass es eine Eingabe an den Entnazifizierungsausschuss richtete, in der H. als aktiver Nationalsozialist bezeichnet und zum Ausdruck gebracht wurde, dass auch Witwe M. die

---

200 Vgl. Knappstein a.a.O. S.674.
201 Vgl. auch Kap. 3.5.2.
202 Vgl. Rhein-Echo, 1.2.1947 (Interview mit dem Vorsitzenden des Hauptausschusses, Max Loose). Mit „Spruchkammer" ist der Ausschuss gemeint.
203 Vgl. unten Kap. 3.6.4.

Entfernung von H. aus dem Betrieb wünsche.[204] In diesem Fall waren die Gründe für die Denunziation wirtschaftlicher Art.

Im zweiten Fall war ein Nachbarschaftsstreit der Auslöser für die Denunziation. Herr Sch. behauptete in einem Schreiben an den Berufungsausschuss vom 6. September 1948, der Fuhrunternehmer K., der gerade seine Verhandlung vor dem Ausschuss gehabt hatte, habe die Mitglieder des Berufungsausschusses „Verbrecher" genannt. Daraufhin beantragte der Ausschuss am 18. September 1948 in einem Schreiben an den Sonderbeauftragten für Entnazifizierung die Strafverfolgung des K. Am 14. April 1949 wurde K. in einer öffentlichen Verhandlung vor dem Remscheider Schöffengericht mangels Beweises freigesprochen. Der Zeuge Sch. war mit einer mit K. verfeindeten Nachbarsfamilie liiert, von der er ein weibliches Familienmitglied, wahrscheinlich seine Freundin, als Zeugin angegeben hatte. Daher wurden die Zeugen vom Gericht als parteiisch gewertet.[205]

3.4.2. Die Beurteilungskriterien der Ausschüsse

Für einen als Nazi Belasteten gab es drei Möglichkeiten der Behandlung durch den Ausschuss. Entweder er wurde an die Militärregierung überwiesen, was nur wenige Male geschah – wie gezeigt wurde[206] –, oder er kam in die Kategorie III (mit Sanktionen) oder Kategorie IV (mit oder ohne Sanktionen). Die Kategorie IV war für die „Mitläufer" der NSDAP vorgesehen. Damit waren Parteimitglieder gemeint, die lediglich „nominelle" Mitglieder gewesen waren und den Zielen der Alliierten nicht feindlich gegenüberstanden.

Nach der Kontrollratsdirektive Nr.24 war eine Person mehr als nur nominelles Mitglied, wenn sie ein Amt in der NSDAP oder ihren angegliederten Organisationen innegehabt hatte, wenn sie in irgendwelche Nazi-Verbrechen, Verfolgungen oder Diskriminierungen verwickelt war, sich offen zum Nationalsozialismus bekannt hatte, oder

---

[204] Der Vorgang in HastaD NW 1037-Gen.51. Die Darstellung des Falles beruht auf einer Schilderung des H. Aus der Akte geht nicht hervor, ob sich diese Schilderung als wahr erwiesen hat. Sollte sie es nicht sein, so wäre H. der Denunziant.

[205] Ebd.

[206] Vgl. Kap. 2.3.2.

wenn sie freiwillig der NSDAP oder ihren Führern wesentliche moralische oder materielle Unterstützung hatte zukommen lassen.[207]

Ab der Übernahme der Verantwortung für die Entnazifizierung durch deutsche Stellen verschob sich die Bewertung. Personen, die zu Beginn der Entnazifizierung in Kategorie III eingereiht worden wären, kamen jetzt in IV, ehemalige Parteigenossen wurden nun auch in V eingeordnet.[208]

Diese Verschiebung hat in Remscheid später als anderswo eingesetzt. Noch im Juli 1947 stellte der Remscheider Oberbürgermeister in einem Schreiben an den Regierungspräsidenten[209] fest, dass der Remscheider Hauptausschuss eine Einreihung von ehemaligen Parteigenossen in Kategorie V generell ablehne. Der Oberbürgermeister hatte beim benachbarten Rhein-Wupper-Kreis und beim Ausschuss für den Stadtkreis Düsseldorf telefonisch in Erfahrung gebracht, dass dort ehemalige Parteigenossen auch in Kategorie V eingeordnet wurden.[210]

Aus den Verhandlungsprotokollen, aber auch aus den immer wiederkehrenden Formulierungen in den Entlastungsschreiben, lassen sich die Kriterien erkennen, nach denen die Beurteilung der Fälle erfolgte. Ausgangspunkt waren die obengenannten Merkmale aus der Kontrollratsdirektive 24 für Personen, die mehr als nur nominelle Parteimitglieder waren:

Zu Beginn der Entnazifizierung hatten sich die amerikanischen bzw. die britischen Behörden bei der Beurteilung der Fälle fast ausschließlich auf die aus den Fragebögen ersichtlichen formalen Belastungen gestützt, die den Betroffenen allein schon dadurch erwuchsen, dass sie lange Zeit Mitglied der NSDAP und anderer Nazi-Organisationen gewesen waren oder dort sogar Ämter innegehabt hatten. Nach der Einrichtung deutscher Ausschüsse ab April 1946 nahm das Gewicht dieser formalen

---

207 Vgl. den Text der Direktive bei Wolfgang Friedmann: *The Allied Military Government of Germany*. London 1947. [= Keeton, George W. und Georg Schwarzenberger: *The Library of World Affairs* No. 8], S.308ff.
208 Vgl. auch die Statistik in Kap. 2.5.3.
209 Vgl. das Schreiben vom 14.7.1947 in StaRs D100-94 (Original) und HastaD NW 1037-Gen.346 (Durchschlag). Vgl. zu diesem Schreiben auch Kap. 3.5.2.
210 Vgl. ebd. die Notiz über die telefonische Auskunft als Anhang zu dem Schreiben.

Belastungen immer weiter ab. Seit der Übernahme der Verantwortung für die Entnazifizierung durch die Deutschen standen vollends die Handlungen des Betroffenen in seinem Amt bzw. während seiner Parteimitgliedschaft im Vordergrund.[211] Die folgenden Fallbeispiele belegen diese Tendenz und zeigen Möglichkeiten der Be- und Entlastung konkret auf.

Der Volksschullehrer Z. gehörte seit dem 27. April 1933 der NSDAP an, war Mitglied und Zellenwalter der NSV und war im Korps der politischen Leiter. Als Amtsleiter der Ortsgruppe Remscheid wurde er am 5. Juni 1945 verhaftet und bis zum 27. Dezember in den Internierungslagern Wuppertal und Hemer interniert. Er verlor seinen Arbeitsplatz, ein Berufungsantrag vom 26. Oktober 1946 wurde abgelehnt, und Z. wurde am 20. Mai 1947 vom Hauptausschuss in Kategorie III/1 eingestuft.[212]

Der Fall des Handelsvertreters P. dagegen, der ähnliche formale Belastungen aufwies, verlief anders, weil seine Verhandlung sich verzögerte. P. war vom 28. Mai bis 19. Dezember 1945 in seiner Eigenschaft als ehemaliger Ortsgruppengeschäftsführer der NSDAP, der er seit 1932 angehört hatte, interniert. Er war – jeweils von 1933–45 – Mitglied von DAF, NSV und dem NS-Reichsbund für Leibesübungen als Vereinsführer. Außerdem gehörte er dem Reichskolonialbund und dem Reichsluftschutzbund an. Ein erster von ihm am 2. Oktober 1946 ausgefüllter Fragebogen scheint nicht bearbeitet worden zu sein. Erst am 13. August 1947 füllte P. erneut einen Fragebogen aus.

In einem Entlastungsschreiben vom 18. November 1947 führte M., ein Jugendfreund des P., gleich drei typische Entlastungsgründe für ihn an, die darauf abzielten, eine nur nominelle Mitgliedschaft zu beweisen: 1. P. habe in seinem Amt als Vereinsleiter nie als Nationalsozialist gehandelt. 2. P. habe Widerstand gegen die Partei geleistet. 3. P. habe Kritik an der Partei geübt:

---

211 Vgl. die gleiche Beobachtung bei Krüger a.a.O. S.142.
212 Zur Kategorie III/1 vgl. Kap. 2.3.2. Diese und alle folgenden nicht anders belegten Informationen aus den Personalia des Bestandes HastaD NW 1017. Wie in der Einleitung dargelegt, sind die Akten unter dem jeweiligen Namen archiviert, der aus Datenschutzgründen nicht genannt werden darf.

[...] Herr P. hat dann den Verein geleitet, wobei ihm niemals die Tendenzen der Partei als Richtschnur dienten, sondern hauptsächlich sich nach den alten demokratischen Grundsätzen der Deutschen Turnerschaft und deren alten Turngepflogenheiten gerichtet hat. Er hat also auch sein Amt nicht propagandistisch ausgenutzt [...]

Daß Herr P. kein 100% tiger Nationalsozialist war, geht aus der Tatsache hervor, daß er unverantwortliche Anordnungen des Ortsgruppenleiters verschiedentlich sabotiert hat. Ich entsinne mich sehr gut, daß er in einer großen Mitgliederversammlung offen gegen eine Einmischung des Ortsgruppenleiters in recht deutlicher Art Stellung genommen hat und dabei erklärte, daß er sich ein solches Diktat nicht gefallen ließe. [...]

Aus vertraulichen, privaten Gesprächen, die häufiger zwischen uns beiden stattfanden, habe ich immer wieder bestätigt gefunden, daß P. viel mehr Turner als Nationalsozialist und noch weniger ein Politiker war. Er hat des öfteren Kritik an Partei und Regierungsmaßnahmen wie auch an einzelnen, führenden Personen, wie Hitler, Ley usw., geübt. [...]

P. konnte zwar noch weitere Entlastungsschreiben vorlegen, doch ergaben Ermittlungen des Hauptausschusses, dass er noch 1944 bei dem damaligen Ortsgruppenleiter eine Frau K. wegen „defätistischer Äußerungen", die sich wahrscheinlich auf den Krieg bezogen haben, angezeigt hatte. Im Protokoll der Verhandlung vom 6. Februar 1948 heißt es:

Diese Handlungsweise in Verbindung mit seiner seit 1940 innegehabten Stellung eines Ortsgruppengeschäftsführers unterstreicht und beweist seine nat.soz. Gesinnung. Daß Frau K. aufgrund guter Beziehungen mit einer nur kurzen Inhaftierung davonkam, ist nicht das Verdienst des P. P. wußte als Geschäftsführer der Ortsgruppe, daß derartige Äußerungen während der letzten Kriegsjahre in der Regel sehr scharf geahndet wurden.

Dem Ausschuss war die Belastung des P. also bewusst. Trotz der Entlastungsschreiben wurde an seiner „nationalsozialistischen Gesinnung" nicht gezweifelt. P. war damit kein nur nominelles Mitglied nach der Verordnung Nr. 24. Dennoch wurde er nur in die Gruppe der Mitläufer eingereiht, in Kategorie IV also, allerdings unter Sperrung seiner Konten. Noch ein Jahr zuvor wäre P. mit hoher Wahrscheinlichkeit in Kategorie III eingestuft worden.

Der schon erwähnte Lehrer Z. bemühte sich ebenfalls um Entlastungsschreiben, die bezeugten, dass er kein wirklicher Nationalsozialist gewesen war. Die Duldung Andersdenkender wurde als Entlastungsgrund angesehen. So heißt es in einer „eidesstattlichen Erklärung" des Zeugen R. vom 18. Juni 1947:

> [...] *Als Angehöriger der 1937 verbotenen „Christl. Versammlung" (Darbysten) war meine Stellungnahme zum Nationalsozialismus als eine ablehnende bekannt. Ich durfte dann aber bald die erfreuliche Feststellung treffen, daß ich dieserhalb Herrn Z. keineswegs zu scheuen oder gar zu fürchten brauchte. [...]*

Z. beauftragte einen Rechtsanwalt damit, für ihn die Wiederaufnahme seines Verfahrens zu beantragen. Mit Schreiben vom 7. November 1947 lehnte der Berufungsausschuss diesen Antrag ab:

> *In der Berufungsverhandlung vom 20.8.46 wurde durch Vernehmung der von amtswegen geladenen Zeugen festgestellt, daß Z. ein überzeugter Nationalsozialist war, sich als Zellenwalter der NSV und Ortsgruppenschulungsleiter der Partei betätigte, so daß in mehrfacher Beziehung die Voraussetzungen einer zwangsläufigen Entfernung vorliegen. Z. ist hiernach für die Ausübung seines Lehrerberufes politisch untragbar, so daß die Ablehnung seiner Wiedereinstellung zu Recht erfolgte. Eine andere Beurteilung des Falles läßt sich aus dem vorgelegten politischen Entlastungsmaterial nicht entnehmen, so daß eine erneute Verhandlung zu dem gleichen Ergebnis führen würde.*

Eine weitere eidesstattliche Erklärung führte schließlich doch noch zur Wiederaufnahme des Falles. Eine Zeugin R. konnte nicht nur aussagen, dass Z. sich in seinem Amt nicht als Nationalsozialist zu erkennen gegeben hätte, sondern wusste von einem Vorfall zu berichten, von dem sie anscheinend hoffte, dass er als Widerstand gegen das Regime eingeschätzt wurde:

> [...] *Zwei meiner Kinder waren bei ihm im Unterricht, und ich habe nie bemerkt, daß Herr Z. versucht hat, auf die Kinder, deren Eltern gegen den Nationalsozialismus eingestellt waren, politisch einzuwirken. Obwohl ich nie mit der Partei sympathisiert habe und nie einer NS-Organisation angehört habe, welches Herr Z. auch wußte, hat er meinem Sohne monatelang kostenlosen Privatunterricht gegeben, damit mein*

Im Protokoll des Hauptausschusses vom 31. März 1948 heißt es:

Der in dem Protokoll genannte Entlastungszeuge P. hatte behauptet,
dass Z. sich für ihn dahingehend eingesetzt habe, dass er sein Gewerbe
behalten konnte, und ihm in einem Streit mit einem Blockleiter
beigestanden habe. Letzteres wurde vom Ausschuss wahrscheinlich als
ein Akt des Widerstandes aufgefasst.

Z. legte auch gegen diesen Bescheid Berufung ein. In der Berufungsverhandlung vom 6. Oktober 1948 hatte er zu seiner Entlastung
ungewöhnlich viele Erklärungen vorzuweisen: Dreizehn einzelne
Entlastungsschreiben, ferner eine von sechs ehemaligen Kollegen und
eine von 44 Elternteilen seiner ehemaligen Schüler unterschriebene
Entlastungserklärung. Vor allem die Behauptungen der Zeugen, dass Z.
bei seinen Schulungsvorträgen nicht im Sinn des Nationalsozialismus
gesprochen habe, bewogen den Berufungsausschuss, auf Kategorie IV
ohne Vermögenssperre zu entscheiden. Z. konnte in seinen Beruf
zurückkehren.

Auch der Verdacht des Nutznießertums und der menschenun-
würdigen Behandlung führte zu strenger Beurteilung. Der Fabrikant O.,

der in einem Lager mehrere hundert Russinnen untergebracht hatte, die in seinem Betrieb als Zwangsarbeiterinnen arbeiten mussten, wurde beschuldigt, die Fremdarbeiterinnen misshandelt zu haben. Außerdem sollte die Verpflegung schlecht gewesen sein. Als daher einige der Frauen einmal aus dem Garten eines Nachbarn Kohlrabi und Möhren gestohlen hatten und sich dieser Nachbar daraufhin bei O. beschwerte, geschah Folgendes:

> *O. hat dann die Russin an Ort und Stelle vernommen und ist mit ihr hinter die Bohnenstangen gegangen und [hat] das Mädchen derart mißhandelt, daß der Spazierstock, den Herr O. bei sich trug, entzweigeschlagen wurde. Dann ist das Mädchen mit blutigem Oberkörper und zerrissenen Kleidern schreiend in die Baracke gelaufen. O. hat den Rest seines Spazierstockes in den Gartenboden gesteckt, welcher dann von dem Zeugen Ch. B. noch bis heute aufgehoben wurde.* [213]

O. durfte den Betrieb nicht weiter führen und wurde vom Hauptausschuss am 6. Juni 1947 in Kategorie III/1 eingestuft, eine Berufungsverhandlung am 8. Oktober 1947 bestätigte diese Entscheidung. Eine Wiederaufnahme des Verfahrens ohne weitere Entlastungsgründe wurde vom Berufungsausschuss am 7. November 1947 abgelehnt.

O. erwirkte dennoch die Wiederaufnahme seines Falles. In der Verhandlung vom 3. Mai 1948 sagten die Belastungszeugen aus, sie hätten das Schlagen nicht direkt mitangesehen. Andere in den Unterlagen genannte Belastungszeugen waren bei der Verhandlung nicht anwesend. Es kann nur spekuliert werden, ob sie von O. bestochen oder eingeschüchtert worden sind. Weniger wahrscheinlich ist es in diesem Fall, dass es sich um Denunzianten handelte.

Einem Zeugen, der behauptete, dass die Verpflegung im Fremdarbeiterlager des O. nicht gut war, standen sechs Zeugen gegenüber, die das Gegenteil aussagten, darunter zwei ehemalige Köchinnen. Hier zeigt sich eine natürliche Schwäche des Verfahrens: Häufig geschah es, dass Zeugen zur Entlastung vernommen wurden, die selbst als Belastete infrage kamen. [214]

---

213 Undatierter Bericht in der Personalakte des O.
214 Ein weiteres Beispiel ist der Fall des Fabrikanten D., der 1933 die NSDAP im Stadtrat vertreten hatte. Ihm diente ein anderes ehemaliges NSDAP-Ratsmitglied als Entlastungszeuge.

O. konnte Dutzende Entlastungsschreiben vorweisen und am 19. Mai 1948 in der Verhandlung vor dem Berufungsausschuss mit mehreren Rechtsanwälten auftreten. Er wurde in Kategorie IV ohne Sanktionen eingereiht und konnte daher seinen Betrieb wieder übernehmen. Dieser Fall illustriert eindrucksvoll, was für Möglichkeiten einflussreiche Personen bei ihrer Verteidigung haben konnten.

3.5. Exemplarische Fälle

3.5.1. Die Entnazifizierung des B.[215]

Das folgende Beispiel soll umfassend darstellen, wie die Entnazifizierung eines problematischen Falles verlaufen konnte. Hier werden nicht nur noch einmal die Bewertungskriterien der Ausschüsse und deren Wandel deutlich, sondern auch der mögliche bürokratische Aufwand und die zeitliche Abfolge des Verfahrens.

Zuerst entlassen und in die Kategorie III mit Beschäftigungsbeschränkung 1[216] eingestuft, gelangte der Betroffene B. schließlich in Kategorie V und war entlastet! Zeitlich erstreckte sich der Fall über den Zeitraum von 1945 bis 1949. Die letzte Entscheidung wurde nicht mehr in Remscheid, sondern vom Wuppertaler Berufungsausschuss gefällt.

B., geboren am 14. August 1895, war von Beruf erster Hauptwachtmeister in der Strafanstalt Lüttringhausen gewesen.[217] Seine Belastungen waren: Mitgliedschaft in der NSDAP 1937–45, im SA-Musikzug 1938–45 (Rottenführer seit 1943), im Reichsbund der Deutschen Beamten (RdB) 1934–45, in der NSV 1934–45, im Volksbund für das Deutschtum im Ausland (VDA) 1938–45, im Reichskolonialbund 1936–45 und im NS-Reichskriegerbund 1924–45.[218]

---

[215] Aus einer Remscheider Akte im Bestand HastaD NW 1017-Personalia. Alle folgenden nicht anders belegten Informationen stammen aus dieser Akte. Wie in der Einleitung dargelegt, sind die Akten unter dem jeweiligen Namen archiviert, der aus Datenschutzgründen nicht genannt werden darf.

[216] Zu den Beschäftigungsbeschränkungen vgl. Kap. 2.3.2.

[217] Vgl. Fragebogen des A.B. vom 2.5.1945.

[218] Eintragung in dem Formular „Case Summary".

Bereits am 2. Mai 1945 füllte B. einen Fragebogen aus. Die Militärregierung, die mehr nach den formalen Belastungen entschied – und da wog seine NSDAP-Mitgliedschaft erst ab 1937 nicht so schwer –, beschloss am 28. November 1945[219], B. in seiner Stellung zu belassen. Nach der Bildung der deutschen Ausschüsse wurde der Fall erneut überprüft. Eine Erklärung von W. B., seit dem 20. September 1944 B.'s Arbeitskollege, vom 1. November 1945 hat wahrscheinlich die Wiederaufnahme des Falles verursacht:

> *B. fiel mir durch sein unerhört herrisches Wesen und seine dauernden Provozierungen auf. Er trug dauernd das Parteiabzeichen und tat sich im nazistischen Sinne hervor.*

W. B. gab weiterhin an, dass er gehört habe, dass B. ein Schläger sei und 1941 an der Misshandlung des Häftlings H. B. beteiligt gewesen sei.

Noch bevor er am 13. November 1946 zum zweiten Mal einen Fragebogen, diesmal den zwölfseitigen, ausfüllen musste, reichte B. am 24. Oktober 1946 eine Erklärung zu seiner Verteidigung ein. Der zuständige Unterausschuss bei der Strafanstalt Lüttringhausen verhandelte den Fall am 6. Dezember 1946, und der Vorsitzende, Pfarrer K., hielt in einem handschriftlichen Protokoll als Ergebnis fest:

> *Der I. Hauptwachtmeister B. hat sich <u>viele Jahre</u> bei <u>der Musikkapelle der SA betätigt</u>. Nicht allzulange nach seinem Eintritt in die NSDAP wurde er <u>zweimal auffallend schnell befördert</u>. Ganz allgemein galt er als ein <u>fanatischer Anhänger des Nationalsozialismus</u>; das war das durchgängige Urteil sowohl der hiesigen antifaschistisch eingestellten Beamten wie das der Gefangenen, besonders der politischen Gefangenen. Hinzukommt der Umstand, daß er die <u>Gefangenen häufig geschlagen</u> und zum Teil übel mißhandelt hat; hinterher suchte er dann diese öfter zu besänftigen, um zu verhüten, daß Anzeige gegen ihn erstattet würde. Infolgedessen war er <u>bei den Gefangenen äußerst verhaßt</u>; auch Hinterhältigkeit und Mangel an Offenheit machten ihm diese immer wieder zum Vorwurf. Der Ausschuß schlägt daher vor, B., der weder politisch noch praktisch tragbar ist, aus dem Dienst zu entlassen.*

B. wurden damit im Wesentlichen vier Vorwürfe gemacht. Erstens seine formale Belastung: Er sei im SA-Musikkorps aktiv und Mitglied der

---

[219] Eintragung in dem Formular „Fragebogen Action Sheet".

NSDAP gewesen. Zweitens: Er sei ein „fanatischer" Anhänger des Nationalsozialismus gewesen, was impliziert, dass er seine Überzeugung nach außen hin deutlich vertreten hat. Drittens: B. sei aufgrund seiner Beförderungen als ein Nutznießer des Systems zu betrachten. Viertens: B. sei ein gewalttätiger Mensch und habe sich durch Misshandlungen schuldig gemacht.

Die Einschätzung und Empfehlung des Unterausschusses wurde vom Hauptausschuss übernommen. In seinem Protokoll vom 10. Februar 1947 heißt es:

> *Aus dem Fragebogen des Hauptwachtmeisters [...] geht hervor, daß derselbe am 1.5.1937 in die Partei eingetreten ist. Ferner war er Mitglied der SA und bekleidete in derselben den Rang eines Rottenführers. Weiterhin war er in der NSV, VDA, Reichsbund der deutschen [Beamten], Reichskolonialbund und NS-Reichskriegerbund. Der Unterausschuß schildert B. als einen aktiven Nazi und lehnt ihn aus diesem Grunde ab. Weiter geht aus der beiliegenden Vernehmung des ehemaligen Gefangenen W. B. hervor, daß B. an Mißhandlungen von Inhaftierten teilgenommen hat. Der Hauptausschuß ist aus diesem Grunde zu der Bewertung gekommen: „Compulsory removal."*

Das bedeutete die „zwangsweise Entlassung". Der „Fragebogen Action Sheet" der Militärregierung enthält mit Datum vom 11. März 1947 den Vermerk, dass die Generalstaatsanwaltschaft in Düsseldorf darüber informiert worden sei, dass B. entlassen werden müsse.

B. legte am 11. April gegen die Entlassungsverfügung der Militärregierung Berufung ein. Am 30. April verfasste er ein fünfseitiges Schreiben, das er mit englischer Übersetzung an den Hauptausschuss in Remscheid schickte. Darin schilderte er ausführlich sein Handeln und die Umstände, die ihn seiner Meinung nach entlasteten. In der Anlage befanden sich elf eidesstattliche Erklärungen. Außerdem benannte B. fünf Zeugen für die Vernehmung in der Verhandlung.

Die eidesstattlichen Erklärungen enthalten nahezu ausschließlich Formulierungen, die als Topoi der „Gattung" der Entlastungsschreiben bezeichnet werden können. Es wurde versucht, die formale Belastung des B. abzuschwächen. Der Kaufmann W.G. schrieb:

> *Er wurde durch seine Beamtenstellung 1937 in die NSDAP gezwungen [...] Wenn die Einstufung „Mitläufer" der NSDAP gewesen*

zu sein, sinngemäß angewandt wird, dann trifft diese auf B. ohne jeden Vorbehalt zu.

Weiter sollte B. den Nationalsozialismus abgelehnt haben. Der Chorleiter P.R. schrieb: „In vertraulichen Unterhaltungen machte er absolut keinen Hehl aus seiner Abneigung gegen den Nationalsozialismus." E. H., Bandagist:

> *Zum Schluß möchte ich noch erwähnen, daß B. nie als Aktivist angesprochen werden kann, da sein ganzes politisches Denken und Handeln stets demokratische Gesinnung zeigte.*

Der Hauptwachtmeister G. S. bescheinigte dem B.: „Es ist mir auch nichts [sic!] bekannt, dass Sie jemals Propaganda für die Partei getrieben oder Mitglieder geworben haben." Der Kaufmann W. H. erklärte: „Ein Militarist war er ebenfalls nicht." E. I.: „Herr B. übte stets Kritik an den Maßnahmen der damaligen Regierung." M. J.: „Überhaupt konnte man aus seinem Verhalten merken, daß er kein Nationalsozialist war."

Weitere Entlastungszeugen waren ehemalige Kollegen B's und ehemalige Strafgefangene, die ihm bescheinigten, dass er ein ehrenwerter Mensch war und keine Misshandlungen vorgenommen hatte:
Der Hilfsbeamte G. F.:

> *In Sachen H. B. [gemeint ist der misshandelte Gefangene] erkläre ich an Eidesstatt, daß Herr Hauptwachtmeister B. aus Lüttringhausen mit dieser Angelegenheit überhaupt nichts zu tun hat, da Herr B. erstens außer Dienst war und zweitens erschien, als obige Angelegenheit für die Beamten, welche im Dienst waren, erledigt war!*

Hilfsaufseher E. H.: „Herr B. war ein pflichtbewußter, korrekter Vorgesetzter." Auch M. P., Vorstandsmitglied des Vereins ehemaliger Konzentrationäre des Kreises Geldern, war Häftling in Lüttringhausen und behauptete, B. habe die Häftlinge immer korrekt behandelt. Am 12. April 1945 habe er ihm sogar das Leben gerettet. Gestapo und Polizei hatten 60 Häftlinge eingefordert. B. habe ihm einen Wink gegeben und ihn zurückgeschickt. Die 60 Häftlinge wurden erschossen.
Der ehemalige Strafgefangene R. B.:

> *Den Herrn Hauptwachtmeister B. kenne ich seit meiner Inhaftierung, d.h. seit dem Jahr 1937. Ich bestätige hiermit, daß ich während meiner*

Inhaftierung von 1937 bis 1943 in Lüttringhausen mit demselben gut ausgekommen bin und ich nichts Nachteiliges über Herrn B. sagen kann.

Der Handelsvertreter und ehemalige Häftling W. Ba.:

In den siebeneinhalb Jahren Aufenthalt in der Strafanstalt Lüttring-hausen hatte ich Gelegenheit genug, die Mentalität des Beamten B. zu studieren und zwar gründlich zu studieren. Er ist ein Mensch, der in seinem Berufe schon unendlich viel Gutes getan hat, und es wäre für [den] Strafvollzug ein Abbruch, wollte man Herrn B. entfernen.

Das fünfseitige Schreiben zu seiner Entlastung hatte für B. keine Auswirkung, weil inzwischen das Kategorisierungsverfahren eingeführt worden war. Entsprechend seiner verfügten Entlassung wurde B. mit Einreihungsbescheid vom 6. Juni 1947 in die Kategorie III/1 eingereiht, wogegen er am 16. Juni sofort erneut Berufung einlegte.

B. fügte drei weitere eidesstattliche Erklärungen bei. Die erste bezog sich erneut auf die formale Belastung: M. Pa. bescheinigte, dass B. nicht freiwillig in das SA-Musikkorps eingetreten sei. Zweitens versuchte Dr. K. E., ein Mitarbeiter des Justizministeriums in Düsseldorf, der von 1939 bis 1947 Leiter der Strafanstalt Lüttringhausen gewesen war, die Anschuldigung „fanatischer Nationalsozialist" zu entkräften:

Er hat nicht zu denjenigen Beamten gehört, die auf ihre Zugehörigkeit zur Partei besonderen Wert gelegt haben. [...] Ich betrachte ihn als typischen Mitläufer, m.E. kann er als Aktivist nicht angesehen werden.

Zu dem Vorwurf des obengenannten Belastungszeugen, des Arbeits-kollegen W. B., B. habe 1941 den H. B. misshandelt, gab der ehemalige Häftling J. K. eine Erklärung ab. Er behauptete, 1940 mit dem angeblich von B. misshandelten Gefangenen H. B. in Köln eingesessen zu haben. Dabei habe dieser ihm von den in Lüttringhausen erlittenen Misshand-lungen erzählt:

Jedoch habe der I. Hptw. B. mit der Angelegenheit nichts zu tun. Derselbe habe die anderen Beamten von ihm abgehalten und habe ihn anständig und menschlich behandelt.

Da die Misshandlung 1941 stattgefunden haben sollte, konnte J. K. nicht 1940 mit H. B. über sie gesprochen haben. Es besteht daher die Möglichkeit, dass diese Erklärung unwahr ist.

Am 30. August 1947 verhandelte der Berufungsausschuss Remscheid den Fall B.:

> *Die Berufungsverhandlung ergab: B. trat 1920 in den Strafvollzugsdienst, wurde 1938 Hauptwachtmeister u. 1942 I. Hauptwachtmeister bei der Strafanstalt Lüttringhausen. Es wurden gehört der Leiter der Strafanstalt Lüttringhausen, Reg. Rat. Dr. E., u. vom Unterausschuß der Strafanstalt der Vorsitzende, Gefängnispfarrer K. Pfarrer K. gab an, es bestände auch nach neueren Ermittlungen noch der dringende Verdacht, daß B. mehrfach an Mißhandlungen von Gefangenen beteiligt sei. Es seien hierüber inzwischen eine Reihe von Beschwerden früherer Gefangener gegen B. eingegangen. Diese Beschwerden habe er kürzlich dem Hauptausschuß eingereicht. Die Anschriften der Beschwerdeführer könne er jedenfalls noch feststellen. Es wurde K. aufgegeben, den Verbleib der von ihm weitergereichten Beschwerden zu ermitteln, hierüber baldmöglichst dem Berufungsausschuß zu berichten u. notfalls die genauen Anschriften der Beschwerdeführer mitzuteilen.*
>
> *[...] Die Sache wird zwecks weiterer Ermittlungen auf unbestimmte Zeit vertagt, bis weitere Nachricht von K. eingeht. Zu dem neuen Termin sollen Reg. Rat. Dr. E., Pfarrer K. u. auch eine Anzahl der Beschwerdeführer von amtswegen geladen werden.*[220]

In den Akten befindet sich die Abschrift eines Einschreibens des Remscheider Berufungsausschusses vom 7. Oktober 1947 an den Untersuchungsrichter beim Landgericht Wuppertal-Elberfeld, aus dem hervorgeht, dass sich in der Anlage 17 Beschwerden früherer Häftlinge, die Pfarrer K. beigebracht hatte, befunden haben. Als Beschuldigte kamen danach neben B. auch noch andere Personen in Betracht. Weiter wurden sieben Augenzeugen von Misshandlungen genannt.

Ein Strafverfahren, das gegen B. und andere wegen Körperverletzung im Amt und Verbrechens gegen die Menschlichkeit eingeleitet worden war, wurde eingestellt. Das teilte am 2. März 1949 die Staatsanwaltschaft Wuppertal dem Remscheider Hauptausschuss mit, der am 2. Oktober 1947 schon eine entsprechende Anfrage gestellt hatte.

Am 8. Juni – die Remscheider Ausschüsse existierten nicht mehr – kam es zu einer letzten Verhandlung vor dem Berufungsausschuss Wuppertal. Ein Auszug aus dem Protokoll:

---

[220] Protokoll der Berufungsverhandlung vom 30.8.1947.

Das frühere Mitglied des Unterausschusses, Pfarrer K., erklärte: [„]Auf Grund der Auflage in der Verhandlung vom 30.8.1947 habe ich etwa 20 Mitteilungen von früheren Insassen der Strafanstalt Lüttringhausen dem Hauptausschuß eingereicht.["] Es wurde festgestellt, daß sich diese nicht bei den Akten des Berufungsführers befinden. K. erklärte hierzu: [„]Mit den Anzeigen waren eine Reihe von Vorgängen durch die verschiedenen früheren Instanzen geschildert, die sich aber nicht speziell auf den heutigen Berufungsführer bezogen. Es ging wohl das Gerede, daß auch B. sich an Mißhandlungen beteiligt haben soll. Ich persönlich habe dieses jemals weder selbst gesehen, noch haben mir Augenzeugen dieses mitgeteilt.["]

Der Berufungsführer wird in Kat. V eingereiht. Die Kosten werden für beide Instanzen auf insgesamt <u>DM 50,-</u> festgesetzt. <u>Begründung:</u> Der Berufungsführer ist 1937 in die Partei eingetreten und 1938 mit dem Musikzug, in den er eingetreten war, in die SA überführt worden. Es mag sein, daß der Berufungsführer infolge des damals auf die Beamten ausgeübten Druckes in die Partei eingetreten ist. Jedenfalls ist er infolge seiner Zugehörigkeit zur Partei und SA an und für sich als Mitläufer anzusehen. Die Beweisaufnahme hat jedoch ergeben, daß B., der bis 1933 Mitglied der SPD war, innerlich niemals zum Nationalsozialismus übergegangen ist und auch äußerlich nie.

Die Aussagen des Oberinspektors S., der sich oft mit B. über Politik unterhalten hat, haben seiner wahren Gesinnung Ausdruck gegeben. Die eingehende Beweisaufnahme hat ergeben, daß B. zwar ein korrekter, aber keineswegs gewalttätiger Beamter gewesen ist, der insbesondere politischen Häftlingen nach Möglichkeit Erleichterung verschafft hat. Jedenfalls hat die Beweisaufnahme ergeben, daß die von dem W. B. am 1. November 1947 zu Protokoll erklärten Beschuldigungen unrichtig sind. [W. B. sei kein Augenzeuge gewesen, da der misshandelte H. B. 1941, W. B. aber erst 1944 inhaftiert gewesen sei.]

Unter diesen Umständen hat der Ausschuß keine Bedenken getragen, den Berufungsführer als entlastet in Gruppe V einzugliedern.

Es ist seltsam, dass in dem Protokoll der Eindruck erweckt wird, als wenn der Entlastungszeuge für die Misshandlung, J. K., mit dem misshandelten H. B. nicht in Köln, sondern in <u>Lüttringhausen</u> zusammen eingesessen habe, denn es heißt einfach nur: „K. war Insasse des Zuchthauses gleichzeitig mit B." Wäre das der Fall, dann bekäme die entlastende Aussage des J. K. – ihr Wahrheitsgehalt wurde vom Ausschuss anscheinend nicht infrage gestellt – durch die größere zeitliche und örtliche Nähe zur Misshandlung des H. B. ein viel größeres Gewicht.

Das Protokoll macht die Wandlung der Beurteilung der Ausschüsse deutlich. Obwohl B. aufgrund seiner formalen Belastung „an und für sich" zur Gruppe der Mitläufer gehörte, wurde er dennoch nicht in Kategorie IV, sondern in V eingereiht.

Auf einem „Arbeitsblatt" des Hauptausschusses Wuppertal zum Fall B. hat der Sonderbeauftragte für Entnazifizierung die Entscheidung des Berufungsausschusses mit Stempel und Datum vom 2. Juli 1949 bestätigt. Mit Datum vom 14. Juli 1949 erhielt auch der Wuppertaler Ausschuss eine Mitteilung der Staatsanwaltschaft Wuppertal auf seine Anfrage vom 12. Juli 1949, dass das Ermittlungsverfahren gegen B. und andere eingestellt worden sei. Eine Mitteilung gleichen Inhalts an den Remscheider Ausschuss vom 2. März 1949, die sich in den Akten befunden haben muss, war wohl übersehen worden.

B. erhielt das Entlastungszeugnis der Kategorie V vom 16. Juli 1949 und war damit rehabilitiert.

Das jüngste Dokument der Akte datiert vom 9. Januar 1950: In einem Schreiben an die Staatsanwaltschaft in Düsseldorf legte der Sonderbeauftragte für Entnazifizierung gegen die Einstellung des Ermittlungsverfahrens gegen B. und andere Beschwerde ein, weil er die Begründung für einen Rechtsirrtum hielt. Anscheinend ist diese Beschwerde abgelehnt worden. Die Akte gibt jedenfalls keine weitere Auskunft.

Der Fall des B. gibt nicht nur Aufschluss über den Verlauf der Entnazifizierung, sondern lässt auch deutlich die Grenzen erkennen, die einer Bewertung aus heutiger Sicht gesetzt sind. So lassen sich eine ganze Reihe von Fragen, die an diese Akte gestellt werden müssen, nur mit Hypothesen beantworten: Warum gab der Arbeitskollege W. B. seine B. belastende Erklärung erst im November 1945 und nicht schon Monate früher ab? W. B. könnte durchaus ein Denunziant gewesen sein, der sich persönliche Vorteile von der Entlassung des B. erhoffte oder aber mit diesem als Vorgesetztem nicht auskam.

Weiter ist zu fragen, was mit den 17 Erklärungen der Belastungszeugen sowie den fünf Augenzeugen geschehen ist? Wie lässt sich die Wandlung in den Aussagen des Pfarrers K. erklären, der als Mitglied des Unterausschusses B. Misshandlungen explizit vorwarf, die er vor dem

Wuppertaler Berufungsausschuss aber als Gerüchte bezeichnete? Entsprang die Einschätzung des Unterausschusses vielleicht dem Wunsch, den Posten B.'s mit jemand anderem zu besetzen?

Schließlich ist die Glaubwürdigkeit der eidesstattlichen Erklärungen zu hinterfragen. Die meisten Entlastungsschreiben sind so allgemein gehalten und gleichen so sehr entsprechenden Entlastungsversuchen in anderen Fällen, dass es schwer fällt, sie ernst zu nehmen. Die Erklärung, die den misshandelten H.B. betrifft, beruht offensichtlich nicht auf der Wahrheit.

Handelt es sich bei B. also um einen Fall, bei dem jemand völlig falsch eingestuft und erst nach Jahren doch noch rehabilitiert wurde? Oder ist es umgekehrt: Wurde ein gefährlicher Nazi am Ende entlastet? Beide Möglichkeiten sind nicht auszuschließen, betrachtet man jedoch den Verlauf der Entnazifizierung mit seinem Trend zur Rehabilitation, so ist der zweite Fall wahrscheinlicher.

3.5.2. Die Entnazifizierung der Remscheider Behörden[221]

Wie schon zu Beginn dieser Untersuchung festgestellt worden ist, waren die Behörden das erste Ziel der Entnazifizierung.[222] Bereits am 18. April, drei Tage nach der Besetzung Remscheids, war der kommissarische Oberbürgermeister angewiesen worden, Fragebögen an alle Beamten und öffentlichen Angestellten zu verteilen.[223] In der ersten Sitzung des Verwaltungsbeirates der Stadt Remscheid konnte er am 15. Mai berichten, „daß 64 Alte Kämpfer[224] das Rathaus haben verlassen müssen."[225] Am 21. Juni 1945 wurden dann im Amtlichen Mitteilungsblatt „Freie Stellen bei der Stadtverwaltung" gemeldet.[226]

---

221 Vgl. allgemein zu diesem Thema: Werum, Karin: *Die Entnazifizierung der Verwaltungsbeamten. Ein Beitrag zur Kontinuität der Bürokratie nach dem Ende des Dritten Reiches.* In: Demokratie und Recht 17 (1989), S.422–432 und Hüttenberger, Peter: *Entnazifizierung im öffentlichen Dienst Nordrhein-Westfalens.* In: Schwegmann, Friedrich G. (Hg.): *Die Wiederherstellung des Berufsbeamtentums nach 1945.* Düsseldorf 1986, S.47–64. Hüttenberger stützt sich allerdings sehr auf Krüger a.a.O. passim.

222 Vgl. Kap. 2.1.3.

223 Vgl. Kap. 2.1.1.

224 „Alte Kämpfer" waren alle, die schon vor 1933 der NSDAP angehört hatten.

225 StaRs E-66.

226 Vgl. Amtliches Mitteilungsblatt, Nr.3 (21.6.1945), S.3.

Dennoch wurde schon sehr früh Kritik an der Entnazifizierung geübt. So beanstandete der „Aktionsausschuß der Widerstandsbewegung gegen den Faschismus Remscheid" bereits am 18. Mai 1945, dass sich die bis dahin erfolgten Maßnahmen auf die Stadtverwaltung nicht ausgewirkt hätten:

> *Der Aktionsausschuß [...] hat die Vorgänge in der Stadtverwaltung genau beobachtet und glaubt feststellen zu müssen, daß in Bezug auf Säuberung der Verwaltung von Nazis nicht das Notwendige getan worden sei. Diese Frage erregt in der Bevölkerung ernste Besorgnis. [...] Die bis jetzt erfolgten Entlassungen von sogenannten „alten Kämpfern" tritt in der augenblicklichen Besetzung der Dienststellen des Rathauses und in den anderen Ämtern nicht in Erscheinung.* [227]

Innerhalb der Verwaltung versuchten die ehemals aktiven Nationalsozialisten, von ihren Mitarbeitern und Untergebenen Entlastungserklärungen zu erhalten. Der Regierungspräsident in Düsseldorf stellte in zwei Rundschreiben fest:

> *Es sind Fälle eingetreten, daß frühere Nationalsozialisten sich Schreiben, sei es für Empfehlungen oder für gute Führung von KZ-Häftlingen oder jüdischen Mitbürgern geben lassen.* [228]
>
> *Ich habe Beweise in Händen, daß von vorgeordneten Dienststellen den unterstellten Angestellten vorgeschriebene Ehrenurkunden zur Unterschrift vorgelegt werden.* [229]

Der Remscheider Oberbürgermeister wies dementsprechend sämtliche Dienststellen an:

---

227 StaRs D100-121a.

228 Rundschreiben des Regierungspräsidenten Düsseldorf an alle Landräte und Oberbürgermeister vom 11.9.1945 in StaRs D100-16.

229 Ebd. Mit „Ehrenurkunden" sind Entlastungsschreiben gemeint, die diese Vorgesetzten ihren Untergebenen fertig zur Unterschrift vorgelegt haben.

Ich verbiete jeder städt. Dienststelle, derartige Schreiben oder Bescheinigungen auszustellen. Auch die Ausfertigung politischer Unbedenklichkeitszeugnisse seitens städt. Stellen ist unzulässig.[230]

Nach einem Bericht der „Neuen Rheinischen Zeitung" wurden bis Ende Dezember 1945 insgesamt 454 frühere Nazis aus der Verwaltung, den Behörden und dem Lehrkörper Remscheids von der Militärregierung entlassen.[231] Allein in der Stadtverwaltung waren aufgrund der Entnazifizierung zum 31. März 1946 173 Beamte und Angestellte weniger beschäftigt.[232] Diese Entlassungen bedeuteten für die Stadt Remscheid auf der einen Seite eine finanzielle Entlastung:

Durch die Entnazifizierung wurden im Rechnungsjahr 1945 bei der Stadtverwaltung (ohne Stadtwerke und Sparkasse) 354000 Mark eingespart. Bei der Sparkasse betrug der eingesparte Betrag 43000 Mark, während die Stadtwerke keine Einsparung verzeichneten, weil dringend Mehreinstellungen von Kräften notwendig wurden.[233]

Auf der anderen Seite wirkte sich dieser Aderlass an Arbeitskräften auf die Arbeit der Stadtverwaltung aus, zumal hinzukam, dass die Personalstärke Ende März 1946 an sich schon um 100 geringer war als zu Beginn des Krieges und sich zu diesem Zeitpunkt noch 132 Beamte, Angestellte und Arbeiter der Stadt in Kriegsgefangenschaft befanden.[234] Der Oberstadtdirektor beschrieb die Situation folgendermaßen:

Ich sagte schon, daß die Verwaltungsarbeiten sehr unter dem Abgang von Beamten leiden, die entnazifiziert[235] werden mußten. Die verbliebenen Anhänger der NSDAP leben in einer Unsicherheit, die jedes ersprießliche Arbeiten behindert. Daher ist es notwendig, daß die

---

230 Rundschreiben an sämtliche Remscheider Behörden vom 17.9.1945 in StaRs D100-16.

231 Vgl. Neue Rheinische Zeitung vom 19.1.1946. Entlassungsverfügungen von Beamten und Angestellten in alphabetischer Reihenfolge befinden sich in StaRs D100-58.

232 Vgl. den Bericht des Oberstadtdirektors vom 3.6.1946 in StaRs E-66.

233 Rheinische Post Nr.31, 15.6.1946.

234 Vgl. den Bericht des Oberstadtdirektors vom 3.6.1946 in StaRs E-66.

235 Hier meint „entnazifizieren" weniger das Verfahren als solches als seine Folgen für belastete Personen: Entlassung und Suspendierung.

Entnazifizierung, soweit sie noch erforderlich ist, beschleunigt durchgeführt wird, damit die verwaisten Stellen im Interesse einer geordneten Arbeit ordnungsgemäß besetzt werden können. Ich bin dabei nicht der Auffassung, daß nun alle Angehörigen der NSDAP erschlagen werden müssen. Aktivisten und unsaubere Elemente müssen verschwinden, dagegen bin ich bereit, dafür einzutreten, daß den wirklichen Muß-Pgs.[236] die Möglichkeit gegeben wird zu beweisen, daß sie willens sind, gutzumachen, was sie vielleicht unüberlegt gefehlt haben.[237]

Die Beschleunigung der Entnazifizierung wurde von allen Parteien verlangt und der entsprechende KPD-Antrag einstimmig angenommen.[238] Die KPD hatte mit Sicherheit die Säuberung an sich im Auge[239], während der Oberstadtdirektor – wie das oben wiedergegebene Zitat erkennen lässt – eher die Rehabilitation möglichst vieler Arbeitskräfte wünschte.

Ähnlich wie der Oberstadtdirektor äußerte sich die CDU:

Die Entnazifizierung muß schnellstens durchgeführt werden und die durch die Spruchkammer[240] rehabilitierten Beamten, soweit verwendungsfähig, wieder eingestellt werden.[241]

Im Monatsbericht der Stadtverwaltung an die Militärregierung von März 1947 wurde das Problem ebenfalls eindringlich erläutert:

The smooth working of the administration is seriously hampered through denazification which puts officials and employees under mental depression and paralyses their willingness to work pending final decisions.

---

236 Unter „Muss-Parteigenossen" verstand man Mitglieder der NSDAP, die nicht aus Überzeugung in die Partei eingetreten waren, sondern weil man ihnen zu verstehen gegeben hatte, dass sie (berufliche) Nachteile zu erwarten hatten, wenn sie nicht eintraten.

237 Vgl. den Bericht des Oberstadtdirektors vom 3.6.1946 in StaRs E-66.

238 In der Sitzung vom 3.6.1946. Vgl. StaRs E-66.

239 Vgl. zur Einstellung der KPD zur Entnazifizierung Kap. 3.6.4.

240 Gemeint ist der Hauptentnazifizierungsausschuss.

241 Erklärung der CDU in der Ratssitzung vom 4.11.1946 in StaRs E-66.

In the interest of the staff as well as the administration accelerated settlement of the denazification process would be of great advantage. [242]

Obwohl die Verwaltung 1945 das erste Ziel der Entnazifizierung gewesen war, war ihre Säuberung auch 1947 noch immer nicht abgeschlossen worden. Das lag daran, dass nach dem ersten Schub im Jahre 1945 und der Einrichtung deutscher Ausschüsse 1946 Fälle noch einmal überprüft wurden, bei denen die Betroffenen neues Beweismaterial vorlegten oder Entscheidungen im Nachhinein als unverhältnismäßig erkannt wurden. [243] Ferner konnten sich die Verfahren einschließlich Berufungen lange hinziehen. Schließlich kam Mitte 1947 das Kategorisierungsverfahren hinzu. Die Fälle der Belasteten wurden erneut überprüft und eine Kategorisierung vorgenommen, bei der die Einreihung in die Kategorien III und IV zur Verhängung von Sanktionen führen konnte. [244]

Von denjenigen, die aus ihren Stellen entlassen wurden, wurde wieder eingestellt, wer erfolgreich Einspruch einlegte. Wiedereinstellungsgesuche wurden von Anfang an an die Militärregierung eingereicht. In einem Rundschreiben an sämtliche Behörden musste der Oberbürgermeister am 1. Dezember 1945 klarstellen:

> *Die Militär-Regierung hat anläßlich eines Antrages auf Wiedereinstellung in den Dienst ersucht, darauf zu achten, daß in Zukunft keine Anträge mehr an die Militär-Regierung eingereicht werden sollen, wenn die Personen bereits vor dem 1. April 1933 der NSDAP angehört haben und aus diesem Grund aus ihrem Amt entfernt worden sind.* [245]

---

[242] Monatsbericht der Verwaltung vom 21.3.1947 in StaRs D100-89. Übersetzung [R.S.]: „Die reibungslose Arbeit der Verwaltung wird durch die Entnazifizierung, die Beamte und Angestellte unter psychischen Druck setzt und ihren Arbeitswillen lähmt, indem sie Entscheidungen aufschieben, ernstlich behindert. Im Interesse der Belegschaft ebenso wie der Verwaltung wäre eine beschleunigte Abwicklung des Entnazifizierungsprozesses von großem Vorteil."

[243] Vgl. Krüger a.a.O. S.43.

[244] Vgl. zu den möglichen Sanktionen Kap. 2.3.2.

[245] StaRs D100-10. Das angesprochene Schreiben datiert vom 28.11.1945 und befindet sich in StaRs D100-121b. Dort wird allerdings vom 1.5.1933 als Stichtag gesprochen, was

Es liegen keine Zahlen dafür vor, wie viele Beamte und Angestellte, die entlassen worden waren, überhaupt wieder eingestellt worden sind. Mit Sicherheit hat aber schon die Militärregierung 1945 Wiedereinstellungsgesuche der Entlassenen nicht nur abgelehnt. Mit der Einführung der Kategorisierung Mitte Mai 1947 erhielt der deutsche Hauptausschuss die Möglichkeit, verschiedene Arten von Beschäftigungsbeschränkungen zu beschließen. Um über den Betroffenen eine Sanktion verhängen zu können, musste also nicht die Entlassung oder Suspendierung vorgeschlagen werden. Als mit dem Jahreswechsel 1947/48 Entlassungen generell nicht mehr möglich waren, entfiel auch die entsprechende Kategorie III/1 mit der Beschäftigungsbeschränkung Nr. 1.[246]

Der nordrhein-westfälische Innenminister teilte in einem Rundschreiben vom 25. Juli 1947[247] den Verwaltungen mit, dass Beamte, die in Kategorie V eingereiht worden waren, mit ihrem früheren Gehalt wieder einzustellen seien. Beamte aus Kategorie IV konnten, mussten aber nicht wiedereingestellt werden. Wer in Kategorie III eingestuft worden war, konnte dann wieder eingestellt werden, wenn eine Stelle frei war, die entsprechend der verhängten Beschäftigungsbeschränkung bekleidet werden durfte.

Eine undatierte Liste von Remscheider Beamten und Angestellten[248], die entlassen worden waren und deren Wiedereinstellung nun aufgrund der Kategorisierung möglich geworden war, gibt Aufschluss darüber, unter welchen Beschränkungen die Betroffenen wiedereingestellt wurden. Auf der Liste erscheinen 12 Beamte. Einer war in Kategorie IV eingeordnet worden und wurde ohne Beschränkung wieder eingestellt. Neun, die in III/2a gehörten, wurden als einfache Beamte, zwei –

---

ein offensichtlicher Fehler ist, da in allen Richtlinien, zum Beispiel in der „Anweisung Nr. 3 der Militärregierung, Finanzabteilung" (vgl. Lange a.a.O. S.68f.) vom 1. April die Rede ist.

[246] Zu den Beschäftigungsbeschränkungen vgl. Kap. 2.3.2.

[247] Das Rundschreiben befindet sich in HastaD NW 1000-Gen.1. Vgl. dazu und zu diesem Absatz Krüger a.a.O. S.65.

[248] Die Liste stammt wahrscheinlich von Anfang 1948. Sie ist in einer deutschen und in einer englischen Fassung überliefert in StaRs D100-95.

Kategorie III/2b – wurden im Dienst ohne Beförderungsaussichten belassen.[249]

Als Ersatz für die aufgrund der Entnazifizierung Entlassenen wurden teilweise fachfremde Arbeitskräfte vor allem aus dem kaufmännischen Bereich eingestellt.[250] Doch nicht jeder Entlassene konnte auf diese Weise ersetzt werden, da immer mit der Rückkehr von Entlassenen gerechnet werden musste, die in einem Berufungsverfahren eine günstigere Beurteilung erwirkt hatten.

Ein Problem, das allgemein bestand, war die Beurteilung derjenigen, die in den britischen Internierungslagern durch britische Ausschüsse entnazifiziert worden waren[251]:

> *Administration within S/K is in a serious position through denazification and categorisation. The majority of trained officials were members of the party and are very often categorised in class III, whereas many of the activists coming back from internment camps have been classified under IV, which in consideration of their previous behaviour is often considered as most unjust, and for this and other reasons denazification and categorisation is creating bad blood.*[252]

---

249 Zu den Beschäftigungsbeschränkungen der Kategorien III und IV vgl. Kap. 2.3.2.

250 Vgl. *Verwaltungsbericht der Stadt Remscheid 1945–1947*. Remscheid 1949, S.21.

251 Zu den Internierungslagern in der britischen Zone vgl. Wember a.a.O. passim.

252 Monatsbericht der Verwaltung vom 21.6.1947 in StaRs D100-89. Übersetzung [R.S.]: „Die Verwaltung im Stadtkreis befindet sich wegen der Entnazifizierung und Kategorisierung in einer ernsten Lage. Die Mehrheit der eingearbeiteten Beamten war Parteimitglieder und ist sehr oft in Gruppe III eingereiht, wohingegen viele von den Aktivisten, die aus den Internierungslagern zurückkommen, in IV eingereiht worden sind, was unter Berücksichtigung ihres früheren Verhaltens meist als äußerst ungerecht eingeschätzt wird, und deshalb und aus anderen Gründen schaffen Entnazifizierung und Kategorisierung böses Blut." Im Monatsbericht vom 19.7.1947 wurde das Problem noch einmal angesprochen und gefragt: „Would it not be possible to ask British Review Boards to make enquiries with the K.R.O. or Public Safety of the respective town in cases where [sic!] persons who held high ranks in the S/S or S/A before making their final decision?" (Übersetzung [R.S.]: „Wäre es nicht möglich, in Fällen von Personen, die in der SS oder SA hohe Ränge innehatten, die britischen Berufungsausschüsse zu bitten, zusammen mit dem Kreis-Residence-Officer oder der Public Safety der entsprechenden Stadt Nachforschungen anzustellen, bevor ihre letzte Entscheidung fällt?")

Der Unterschied in der Beurteilung resultierte vor allem daraus, dass den britischen Ausschüssen in den Internierungslagern die belastenden Informationen fehlten, die am Wohnort des Betroffenen vorhanden waren. Sie urteilten meist nur nach den formalen Belastungen, die sich aus dem Fragebogen ergaben.[253] Das eigentliche Problem lag darin, dass die Entscheidungen der britischen Ausschüsse endgültig waren.

In einem streng vertraulichen Rundschreiben an die Oberbürgermeister und Landräte vom 26. Juni 1947 forderte der Regierungspräsident in Düsseldorf dazu auf, „besonders krasse Fälle unzureichender oder fehlerhafter Entnazifizierung durch die Lagerspruchkammern <u>streng vertraulich</u> unter möglichst genauer Darlegung der Einzelheiten an mich persönlich zu berichten."[254]

Der Remscheider Oberbürgermeister konnte darauf drei Fälle melden[255], von denen es sich bei zweien um ehemalige Beamte der Stadt handelte, die von dem Ausschuss des Internierungslagers in Kategorie IV eingereiht worden waren. Durch eine beigelegte Liste von Beispielen der Entscheidungen des Remscheider Hauptausschusses belegte der Oberbürgermeister, dass diese drei Personen in Remscheid in Kategorie III/1 eingereiht worden wären. Er bat den Regierungspräsidenten, seinen Einfluss für eine angemessene und einheitliche Kategorisierung geltend zu machen.

In einer Reihe von Schreiben meldete der nordrhein-westfälische Innenminister im Jahre 1947 solche Fälle dem britischen Hauptquartier in Düsseldorf, am 12. August 1947 auch die Remscheider Fälle.[256] Am 13. August erlaubte schließlich der Regional Commissioner von NRW die Wiederaufnahme besonders schwerwiegender Fälle.[257] In Remscheid

---

253 Vgl. Wember a.a.O. S.148ff.
254 StaRs D100-94.
255 Das Original des Schreibens vom 14.7.1947 in StaRs D100-94, ein Durchschlag in HastaD NW 1037-Gen.346.
256 Vgl. HastaD NW 1037-Gen.346.
257 Vgl. Wember a.a.O. S.250.

führte das dazu, dass alle Personen, die in einem Internierungslager in Kategorie V eingestuft worden waren, noch einmal überprüft wurden.[258]

Aus dem Rückblick im Jahre 1949 wurde die Entnazifizierung zur lästigen Behinderung der Verwaltungsarbeit:

> *Es ist ein Ruhmesblatt für die Gemeindeverwaltungen und ihr Personal, daß sie nach dem Zusammenbruch – und zuerst noch ohne Unterstützung durch übergeordnete Instanzen – die drängenden Tagesfragen tatkräftig aufgegriffen und nach Kräften gelöst haben. Dabei mußten auch noch die Ausfälle und die Erschütterungen des alten Standesgefüges durch die Entnazifizierungsmaßnahmen in Kauf genommen werden.*[259]

Auch in Remscheid dürfte die Kontinuität der Stellenbesetzung in der Verwaltung letztendlich nicht gefährdet gewesen sein. Denn rückwirkend zum 1. April 1951 trat ein Ausführungsgesetz zum Artikel 131 des Grundgesetzes[260] in Kraft, das die Verwaltungen dazu verpflichtete, die noch stellungslosen Beamten aufzunehmen. Die Verwaltungen, bei denen von den Eingestellten weniger als 20 Prozent ehemalige Nazis waren, mussten Ausgleichszahlungen an den Bund leisten![261]

---

[258] Das geht aus einem Schreiben des Berufungsausschusses an den Hauptausschuss vom 17.11.1947 hervor, in dem um Auskunft darüber gebeten wird, „in welche Kategorien die Verwaltungsbeamten und -angestellten eingereiht worden sind." In HastaD NW 1017-Gen.21.

[259] Verwaltungsbericht der Stadt Remscheid 1945–1947. Remscheid 1949, S.21.

[260] Der Artikel 131 des Grundgesetzes bestimmt, dass über die Rechtsverhältnisse von Personen, die am 8. Mai 1945 im öffentlichen Dienst waren und aus anderen als beamten- oder tarifrechtlichen Gründen ihre Stellung bzw. ihre Pension verloren haben, in einem Bundesgesetz Regelungen erfolgen sollten.

[261] Vgl. Werum a.a.O. S.430.

3.6. Die zeitgenössische Diskussion zur Entnazifizierung Remscheids

3.6.1. Die lokale Presseberichterstattung

Die erste Zeitung, die in Remscheid nach dem Krieg erschien, war das „Amtliche Mitteilungsblatt der Stadt Remscheid und aller in Remscheid ansässigen Behörden", das vom 7. Juni 1945 bis zum 31. Dezember 1949 vom Oberstadtdirektor herausgegeben wurde.[262] Seine „Berichterstattung" beschränkte sich auf die Anordnungen und Bekanntmachungen der Militärregierung und der Stadt. Hier wurden u.a. Vertreter der verschiedenen Berufsgruppen zur Bildung von Entnazifizierungs-Unterausschüssen aufgerufen[263], Hinweise zum Entnazifizierungsverfahren gegeben[264] und nach 1948 die Namen der Personen, deren Fälle zur Verhandlung anstanden, veröffentlicht.[265]

Eine ähnliche Funktion hatte die „Neue Rheinische Zeitung"[266], die vom 18. Juli 1945 bis zum 27. Februar 1946 mit einem Remscheider Lokalteil erschien. Herausgeber war die britische Militärverwaltung. Das Blatt enthielt insgesamt lediglich zwei Berichte über die Entnazifizierung: einen über Verurteilungen wegen Fragebogenfälschung und einen über die Entnazifizierung der Verwaltung.[267]

Anfang 1946 erteilte die Militärregierung eine Reihe von Lizenzen für die Herausgabe von Zeitungen, so dass nicht mehr nur amtliche Blätter erlaubt waren. Ab dem 2. März 1946 erschien die „Rheinische Post. Zeitung für christliche Kultur und Politik".[268] Genau siebenmal[269] wurde

---

[262] Im StaRs auf Mikrofilm (Jahrgang 1948 fehlt) unter der Signatur VO1-74.

[263] Vgl. Kap. 2.2.2.

[264] Z. B. in Nr. 165 (22.3.1947), S.1, über die Gründe für eine Berufung gegen einen Entnazifizierungsbescheid.

[265] Vgl. Kap. 2.4.

[266] Im StaRs unter Signatur V1-40.

[267] Neue Rheinische Zeitung Nr.36 (24.11.1945) und Nr.51 (19.1.1946). Vgl. auch Kap. 3.5.2.

[268] Im StaRs auf Mikrofilm unter Signatur VO2.

[269] Vgl. Rheinische Post Nr.10 (3.4.1946), Nr.26 (29.5.1946), Nr.28 (5.6.1946), Nr.31 (15.6.1946), Nr.33 (22.6.1946), Nr.40 (17.7.1946) und Nr.62 (2.10.1946).

im ersten Jahrgang 1946 im Remscheider Lokalteil über die Entnazifizierung berichtet. Auch hier handelte es sich um amtliche Bekanntmachungen oder um Berichte ohne Kommentierung.

Im Jahrgang 1948[270] wurde neben der Veröffentlichung einer Bekanntmachung lediglich über den Rückzug der KPD aus den Entnazifizierungsausschüssen berichtet.[271] Die Entnazifizierung war ansonsten kein Thema im Lokalteil, wohl aber waren es die Prozesse gegen Remscheider Nationalsozialisten. Von der Möglichkeit, über die Verhandlungen des Haupt- und Berufungsausschusses, die ab Januar 1948 öffentlich waren[272], zu berichten, wurde also kein Gebrauch gemacht. Aus der Tatsache, dass die Entnazifizierung nicht thematisiert und nicht problematisiert wurde, lässt sich auf eine gleichgültige oder sogar ablehnende Haltung ihr gegenüber schließen.[273]

Das „Rhein-Echo" erschien ebenfalls seit März 1946 und enthielt Lokalberichte über Remscheid.[274] Beim Thema Entnazifizierung beschränkte sich das Blatt nicht auf amtliche Bekanntmachungen und Informationen. So erschien etwa Anfang 1947 ein Interview mit dem ersten Leiter des Hauptausschusses, Max Loose.[275] Allerdings nahm die Zahl der Berichte erst 1948 zu, da die Möglichkeit genutzt wurde, über die jetzt öffentlichen Verhandlungen des Haupt- und Berufungsausschusses zu berichten.

Das „Rhein-Echo" berichtete nicht neutral, sondern ließ gegenüber der Entnazifizierungspraxis eine wohlwollend kritische Haltung erkennen. Zur Einstufung des Remscheider Gestapo-Leiters Beckers in

---

270 Der Jahrgang 1947 ist im StaRs nicht erhalten.

271 Vgl. Rheinische Post Nr.6 (21.1.1948) und Nr.30 (14.4.1948).

272 Vgl. Kap. 2.4.

273 In ihrem überregionalen Teil berichtete die Rheinische Post relativ häufig über die Entnazifizierung, allerdings wurde diese zunehmend mit der Begründung abgelehnt, dass sie schon zu lange andauere und daher überflüssig sei. Vgl. Meiser, Hans: *Der Nationalsozialismus und seine Bewältigung im Spiegel der Lizenzpresse der Britischen Besatzungszone von 1946–1949.* Phil. Diss. Osnabrück 1980, S.195ff.

274 Im StaRs auf Mikrofilm unter Signatur VO-41. Hier zitiert nach der Sammlung von Breidenbach a.a.O.

275 Rhein-Echo 1.2.1947. Auf dieses Interview habe ich mich schon wiederholt bezogen: Vgl. Kap. 2.2.1., 2.5.1., 3.1.2. und 3.4.1.

die Kategorie III/1 hieß es: „Ein gerechtes Urteil.“[276] In einem Bericht
über die Verhandlung der Kammer 3 des Hauptausschusses gegen den
Polizeileutnant Imig wurde nach der Feststellung, dass die Belastungszeugen alles widerrufen hatten und entweder Denunzianten gewesen
seien oder aber Angst vor ihrem Vorgesetzten bekommen hätten,
kritisiert, „daß der Einzustufende, in diesem Fall der redegewandte und
gesetzeskundige Herr Imig, die Verhandlung streckenweise an sich reißt
und die Zeugen durch Zitieren von Paragraphen einschüchtert.“[277] In
dem Artikel wurde daher gefordert, dass der Vorsitzende die Verhandlung straffer führen solle. Während das „Rhein-Echo“ in diesem Fall
Kritik an der Verhandlungsführung übte, war andernorts von einer
„gutgeführten Verhandlung“ oder „geschickter Verhandlungsführung“[278]
die Rede. Insgesamt zeigte sich in der Berichterstattung des „Rhein-
Echo“, dass die verantwortlichen Journalisten mit dem Ablauf der
Entnazifizierung in Remscheid zufrieden waren.

Auch die kommunistische Zeitung „Freiheit. Das Blatt des schaffen-
den Volkes“, die nach ihrem Verbot zwischenzeitlich als „Freies Volk“
und „Neue Volkszeitung“ erschien, berichtete über Remscheider Lokal-
ereignisse. Das Thema Entnazifizierung behandelte sie im Vergleich zu
den anderen Blättern mit Abstand am häufigsten.

Die Arbeit der Entnazifizierungsausschüsse wurde von der „Freiheit“
scharf angegriffen, der Korruptionsvorwurf offen ausgesprochen.[279] Die
Entscheidungen wurden in der Regel als zu milde empfunden. Die
Berichterstattung war stark emotional gefärbt. Das lässt zum Beispiel ein
Vergleich der Berichterstattung von der „Freiheit“ einerseits und dem
„Rhein-Echo“ andererseits zu der oben erwähnten Verhandlung gegen
den Gestapo-Leiter Beckers erkennen.[280] Während im „Rhein-Echo“
vergleichsweise sachlich berichtet wurde und nur in der Zwischen-
überschrift die Bewertung „Ein gerechtes Urteil“ zu lesen war, berichtete
der Autor der „Freiheit“ fast von Anfang an in einem engagierten Ton:

---

[276] Rhein-Echo 10.2.1948.
[277] Rhein-Echo 24.2.1948.
[278] Rhein-Echo 20.3.1948 bzw. 25.3.1948.
[279] Vgl. Freiheit 3.10.1947. Vgl. auch Kap. 3.3.
[280] Rhein-Echo 10.2.1948 und Freiheit 13.2.1948. Siehe beide Artikel im Anhang (IX
a/b).

> *Um es gleich zu sagen: Es ist eine Lücke im Gesetz, denn für diese*
> *Spezialisten Himmlers, die über Tod und Leben der Bevölkerung den*
> *Stab brachen und sie ohne Gericht und Rechtsbasis in die KZ.s und*
> *Gefängnisse brachten, besteht keine rechtliche Handhabe, um sie für ihre*
> *strafbaren Handlungen belangen zu können.* [...]

Die Einstufung in die Kategorie III/1 war nach Auffassung der „Freiheit" zu milde:

> *Diese Eingruppierung kann keinesfalls die ungeheuerlichen*
> *Methoden, die von den Gestaposchergen angewandt wurden, wieder-*
> *gutmachen, noch als ausreichende Sühne betrachtet werden.*

3.6.2. Die Meinung der Remscheider Bürger

Im Sommer 1946 wurde von dem britischen „Gallup-Institut" und dem „Britischen Institut zur Erforschung der öffentlichen Meinung" in Remscheid eine Umfrage durchgeführt.[281] Die sechste Frage dieser Umfrage lautete: „Was denken Sie über die Entnazifizierung?" Die Fragen sollten beantwortet und in einem Umschlag an die Militärregierung im Rathaus geschickt werden. Auch wenn diese Verfahrensweise nicht den heute üblichen Methoden der empirischen Sozialforschung entspricht[282], ist das Ergebnis doch aufschlussreich.

42% der Antworten bestand in der Befürwortung der „Entnazifizierung"[283] aller höheren Nazis, die ihre Stellung missbraucht hatten, gleichzeitig in der Ablehnung der „Entnazifizierung" der kleinen Mitläufer. 28% hielten die Entnazifizierung nicht für wirksam genug und sprachen sich dafür aus, dass Nazis gegen deutsche Kriegsgefangene der Alliierten ausgetauscht werden sollten. 14% waren für die Bestrafung aller Kriegsverbrecher und Naziführer gemäß den geltenden deutschen Strafgesetzen, 8% für die sofortige Einstellung der Entnazifizierung, 6% für ihre Beschleunigung und schließlich 2% für die „Ausrottung" der

---

[281] Vgl. Rheinische Post 17.7.1946 und 2.10.1946, sowie Amtliches Mitteilungsblatt Nr.131 (28.9.1946), S.1.

[282] Sie ist in erster Linie deshalb nicht repräsentativ, weil keine regelrechte Auswahl der Untersuchungsgruppe erfolgte: Die Fragen wurden in der Presse veröffentlicht und um Zusendung einer Antwort gebeten.

[283] In dem Zeitungsbericht über das Ergebnis der Umfrage meint „Entnazifizierung" nicht das Verfahren an sich, sondern die Sanktionen für belastete Personen als sein Ergebnis.

deutschen Intelligenz. Was genau mit der „Ausrottung" deutscher Intellektueller gemeint war, geht aus dem Zeitungsbericht nicht hervor.

Es zeigt sich, dass zu diesem frühen Zeitpunkt die Praxis der Entnazifizierung von einer Mehrheit befürwortet wurde. Hätte man die Umfrage zu einem späteren Zeitpunkt wiederholt – und diese Hypothese scheint sehr glaubwürdig angesichts der Entwicklung, wie man sie andernorts aus Umfragen kennt[284] –, dann hätte man eine zunehmende Ablehnung der Entnazifizierung feststellen können.

Über die Stimmungslage bei denjenigen, die direkt von der Entnazifizierung betroffen waren, gibt ein Verwaltungsbericht vom Oktober 1946 Auskunft:

> *Die von der Entnazifizierung betroffenen Kreise kommen aus der Unruhe nicht heraus, weil seit dem Einmarsch der alliierten Truppen die Entnazifizierung begonnen und seitdem mit mehrmaliger Umänderung der Maßnahmen weiter fortgeführt worden ist. Besondere Unruhe verschafft die neueste Anordnung des Kontrollrates, nach der die früheren Parteiangehörigen in verschiedene Klassen eingeteilt werden und damit die Frage der Entnazifizierung aufs neueste [sic!] aufgerollt wird.*[285]

Änderungen der Entnazifizierungsbestimmungen wie zum Beispiel die Einführung des Kategorisierungsverfahrens ließen bei den Betroffenen somit die Befürchtung aufkommen, dass sie mit weiteren Maßnahmen und Sanktionen zu rechnen hatten.

3.6.3. Entnazifizierung als Thema im Stadtrat

Die Brisanz, die das Thema Entnazifizierung zu damaliger Zeit hatte, ließ vermuten, dass sich auch die Stadtvertretungen mit ihm beschäftigt haben. Dem nach den ersten Kommunalwahlen 1946 gewählten Stadtrat gingen zwei auf andere Weise konstituierte Stadtvertretungen voraus:

---

[284] Vgl. die Ergebnisse einer Umfrage des Allensbacher Instituts für Demoskopie vom November 1953 in Vollnhals a.a.O. S.337.

[285] Monatsbericht der Verwaltung vom 22.10.1946, deutsche Fassung in StaRs D100-89. Mit der „neueste[n] Anordnung des Kontrollrates" ist die Kontrollratsverordnung Nr. 38 vom 12.10.1946 gemeint. Die Kategorisierung begann tatsächlich aber erst später, nämlich im Mai 1947. Vgl. Kap. 2.3.2.

Bereits am 15. Mai 1945 tagte zum ersten Mal der „Verwaltungsbeirat der Stadt Remscheid".[286] Im März 1946 wurde von der örtlichen Militärregierung eine vorläufige Stadtvertretung ernannt, die aus 30 Kommunalpolitikern bestand und im Gegensatz zum Verwaltungsbeirat auch Beschlussrechte hatte.[287] Ein regelrechter Stadtrat konstituierte sich erst nach den ersten Kommunalwahlen in NRW vom 13. Oktober 1946.

Die vordringlichsten Themen der Stadtverordnetenversammlungen nach Kriegsende waren die Beseitigung der Kriegsschäden und die Versorgung der Bevölkerung. Wenn aber die Entnazifizierung behandelt wurde, dann standen dabei ihre Kosten oder die politische Säuberung der Verwaltung im Vordergrund. Schließlich war die Entnazifizierung Thema von programmatischen Erklärungen vor allem der KPD.

3.6.4. Die KPD und Entnazifizierung

Die Vertreter der KPD äußerten sich in den Sitzungen der Stadtvertretungen am ausführlichsten und schärfsten zur Entnazifizierung:

Zur Sicherung der Lebensgrundlage unseres Volkes sind wir bereit, mit allen demokratisch-antifaschistischen Parteien zusammenzuarbeiten auf Grund der folgenden Forderungen: 1. Völlige Entnazifizierung und Entmilitarisierung der Verwaltung, der Wirtschaft, der Schule und des öffentlichen Lebens, nicht nur im Sinne einer organisatorisch-reglementarischen Angelegenheit, sondern einer Angelegenheit geistiger und sittlicher Neuerziehung des Volkes, insbesondere der Jugend zum Bewußtsein der Verantwortlichkeit des einzelnen für das ganze.[288]

Hier wird deutlich, dass die KPD ihre eigenen politischen Vorstellungen zum Ziel der Entnazifizierung werden ließ. Mit der Forderung nach der Erziehung des Volkes konnte in diesem Zusammenhang nur die Erziehung zum sozialistischen Menschen gemeint sein. Der KPD-Stadtverordnete I. nannte in der Sitzung vom 4. Juni 1946 folgende „dringendsten Forderungen":

---

286 Vgl. StaRs E-66.
287 Vgl. Naumann a.a.O. S.30f.
288 Erklärung der KPD in der ersten öffentlichen Sitzung der von der Militärregierung ernannten Stadtvertretung am 6.3.1946 in StaRs E-66.

1.) Säuberung des Verwaltungs-Apparates von allen nazistischen Elementen.
2.) Enteignung der Großgrundbesitzer und Junker.
3.) Enteignung der Konzerne.
4.) Kampf der faschistischen Ideologie.
5.) Säuberung aller wirtschaftlichen Institute von allen Nazi-Elementen. [289]

Hier stehen in Gestalt der Enteignungsforderungen spezifisch kommunistische Ziele zwischen Säuberungsforderungen, die die anderen Parteien so auch hätten formulieren können. Das deutet darauf hin, dass die Entnazifizierung für die KPD ein Mittel des Klassenkampfes darstellte. Unter dieser Voraussetzung musste sie mit der Praxis der Entnazifizierung fortwährend unzufrieden sein, da aufgrund der Mehrheit der anderen Parteien dieses Ziel nicht verfolgt wurde.

Kommunisten gehörten während der Zeit des Nationalsozialismus zu den durch den Staat Verfolgten. Ferner setzte sich das Wählerpotential der KPD im Gegensatz zu dem der bürgerlichen Parteien am wenigsten aus der Gruppe derjenigen zusammen, die im Entnazifizierungs-verfahren etwas zu befürchten hatten, den Mitläufern der NSDAP. Rücksichtnahme auf die Wähler war in diesem Punkt also nicht nötig. Auch das sind Umstände, die es der KPD erlaubten, nachdrücklich eine radikale Vorgehensweise bei der Entnazifizierung zu fordern.

Am 25. August 1947 kündigte das KPD-Mitglied F. seine Arbeit im Ausschuss auf:

Gründe für mein Ausscheiden: Den Werdegang der Entnazifizierung vom 1.4.46 bis heute kann ich politisch für die Zukunft nicht mehr vertreten und mit mir nicht mehr vereinbaren. [290]

Nach Rücksprache mit seiner Partei zog er seine Kündigung am 6. September 1947 wieder zurück. [291]

---

[289] StaRs E-66.
[290] StaRs D100-114.
[291] Vgl. ebd.

Am 8. April 1948 schieden schließlich sämtliche KPD-Mitglieder aus der Entnazifizierungsarbeit aus. Damit kam der Remscheider Ortsverband wahrscheinlich dem überregionalen Beschluss der KPD[292] zuvor oder war zumindest einer der ersten Ortsverbände, der diesen Schritt vollzog. In Remscheid wurde ein Flugblatt verteilt, in dem der Brief veröffentlicht wurde, mit dem das Ausscheiden erklärt worden war. Dieser Brief verdeutlicht die Kritik, die die Kommunisten an der Entnazifizierungspraxis übten:

> *Die Entwicklung der Entnazifizierung hat in den letzten Monaten Formen angenommen, die uns veranlaßten, die weitere Mitwirkung der Vertreter unserer Partei zu überprüfen. Als Ergebnis dieser Überprüfung teilen wir mit, daß wir eine Entnazifizierung auf der Grundlage, wie die Ausschüsse in der letzten Zeit arbeiten, nicht mehr länger verantworten können.*
>
> *Zu schweren Bedenken gab vor allen Dingen die Tätigkeit der Spruchkammer III[293] Anlaß. Die in jüngster Zeit gefällten Entscheidungen über Naziaktivisten zwangen den Vertreter unserer Partei, die weitere Mitarbeit in der Spruchkammer III abzulehnen. Zur Begründung dieses Schrittes mögen folgende Entscheidungen der Spruchkammer III dienen:*
>
> *1.Fall: Der Schuhmacher Peppinghaus hat während der Zeit des Faschismus einen antifaschistischen tschechischen Staatsangehörigen namens Chwanzara bei der Gestapo denunziert. Auf Grund dessen wurde dieser lt. Urteil des Sondergerichtes zu 9 Monaten Gefängnis und Ausweisung aus dem Reich verurteilt.*
>
> *Trotz dieser gemeinen Denunziation wurde P. [sic!] von der Spruchkammer III in die Kat. V, in die Gruppe der Unbelasteten, eingestuft. Für diese Entscheidung stimmten die Vertreter der CDU, FDP und der Gewerkschaften, dagegen stimmten die beiden Vertreter der KPD und SPD.*

---

[292] Vgl. Lange a.a.O. S.56, die ohne nähere Angabe den Monat Juni (1948) als Zeitraum für das Ausscheiden der KPD-Mitglieder in sämtlichen Ausschüssen nennt. Lübke, *Die Entnazifizierung in Lünen* a.a.O. S.536, nennt den 29. Mai 1948 für das Ausscheiden des Lüner KPD-Ausschussmitgliedes und zitiert das Rundschreiben Nr.19 des Sonderbeauftragten für Entnazifizierung vom 28. Mai 1948: „Nach ständig bei mir eingehenden Mitteilungen haben die der KPD angehörenden Ausschussmitglieder und Beisitzer entsprechend der Ankündigung ihrer Parteileitung die Mitarbeit in den Ausschüssen eingestellt."

[293] Gemeint ist die 3. Kammer des Hauptausschusses.

[Es folgen zwei ähnliche Fälle.]

Es ließen sich noch weitere Fälle anführen, die die Unhaltbarkeit der Entnazifizierung kennzeichnen. Die hier angeführten Fälle liegen ganz im Zuge einer „Entnazifizierung", die die aktiven Nazis für tragbar erklärt und die Mitläufer hängt.

Unsere Partei kann nicht länger mehr einer solchen Entwicklung zusehen und lehnt es ab, dafür mit verantwortlich gemacht zu werden, denn von einer wirklichen Entnazifizierung ist keine Rede mehr. Aus diesem Grunde ziehen wir hiermit die Vertreter unserer Partei Hugo Bertram, Paul Freiling, Karl Schwalm aus dem Haupt-Entnazifizierungs-Ausschuß ab sofort zurück. Kommunistische Partei Kreisleitung Remscheid[294]

Die Kritik der KPD beinhaltete also im Wesentlichen zwei Punkte: Erstens wurde nach ihrer Auffassung die Beurteilung zu milde, zweitens würden die „Großen" laufen gelassen, während die „Kleinen" gehängt würden. Dazu ist festzustellen, dass die Beobachtung einer Tendenz zur Milde – wie schon festgestellt wurde[295] – richtig ist. Tatsächlich war es 1948 so, dass Personen die zwei Jahre zuvor in die Gruppe III eingereiht worden wären, eher in IV kamen, und Personen, die man vorher als „Mitläufer" eingeordnet hätte, entlastet wurden. Dieser Trend geht auch aus der Statistik hervor.[296] Die Entnazifizierung war immer mehr zu einem Rehabilitationsverfahren geworden, zur „Mitläuferfabrik".[297]

Diese Entwicklung war gewollt: Die verantwortlichen Politiker wünschten sich eine baldige Beendigung einer Maßnahme, die Unruhe in die Bevölkerung hineintrug.[298] Ein dauerhafter Ausschluss einer

---

[294] In HastaD NW 1037-Gen.253d.

[295] Vgl. Kap. 3.4.2.

[296] Vgl. Kap. 2.5.3.

[297] Der Begriff nach Niethammer, Lutz: *Die Mitläuferfabrik. Entnazifizierung am Beispiel Bayerns.* Frankfurt a.M. 2te Auflage 1982.

[298] Auch die Sonderbeauftragten für Entnazifizierung versuchten, diese möglichst schnell zu beenden. So wird in einem Nachruf auf den verstorbenen ersten Sonderbeauftragten für Entnazifizierung betont, er habe sich für den baldigen Abschluss der Entnazifizierung eingesetzt. Vgl. Rundschreiben des [neuen] Sonderbeauftragten für Entnazifizierung vom 18.12.1948 in HastaD NW 1029-Gen.2.

ganzen Bevölkerungsgruppe aus der Gesellschaft war nicht das Ziel.[299]
Die KPD dagegen hat diese Politik nicht mitgetragen.

Zum zweiten Vorwurf der KPD wurde schon an anderer Stelle festgestellt, dass er mit Einschränkung berechtigt war.[300]

---

[299] Das war auch die Meinung der meisten Remscheider Ausschussmitglieder. Ein Mitglied des Remscheider Berufungsausschusses drückte das in einem persönlichen Schreiben an den Sonderbeauftragten für Entnazifizierung vom 11.3.1948 folgendermaßen aus: „Unser gemeinsames Bestreben muss das sein, endlich eine Beruhigung in die Bevölkerung hereinzuführen und den Belasteten die Möglichkeit zu geben, im demokratischen Aufbau unseres Vaterlandes mitzuwirken." In HastaD NW 1037-Gen.19c.
[300] Vgl. Kap. 3.4.2.

4. Schlussbetrachtung

In der vorliegenden Arbeit wurde erstmals versucht, die Geschichte der Entnazifizierung in Remscheid darzustellen. Dazu ist in der ersten Hälfte (Kap. 2.) zunächst ihr chronologischer Ablauf verfolgt worden. Es konnten drei Phasen unterschieden werden: Eine erste Phase (15. April 1945 bis 4. April 1946), in der die Besatzungsbehörden allein entnazifizierten, eine zweite (ab 4. April 1946 bis 17. Dezember 1947), in der beratende deutsche Ausschüsse eingerichtet wurden, und eine dritte (18. Dezember 1947 bis Anfang April 1949), in der diese Ausschüsse nicht mehr unter britischer, sondern unter deutscher Verantwortung arbeiteten und schließlich aufgelöst wurden. Die Aufarbeitung der vorliegenden Statistiken hat gezeigt, dass die Entnazifizierung im Laufe der Zeit immer milder gehandhabt wurde.

Der zweite Abschnitt der Arbeit (Kap. 3.) hat Probleme der Entnazifizierungsarbeit in Remscheid behandelt. Die lange Dauer der Entnazifizierung ließ sich auf technische Probleme wie den Mangel an Papier und anderen Arbeitsmitteln sowie auf bürokratische Hemmnisse – die Flut von Schreibarbeit und den Verordnungswirrwarr – zurückführen. Weiterhin wurden einige der wichtigsten Beurteilungskriterien, die die Ausschüsse in den einzelnen Fällen anwandten, herausgearbeitet. Dabei ließ sich erneut die im Laufe der Zeit zunehmende Tendenz zur Milde feststellen.

Die Beispiele eines Einzelfalles (Kap. 3.5.1.) und der Behörden (Kap. 3.5.2.) gaben Gelegenheit, bis dahin getroffene Feststellungen zu illustrieren und weitere Fragen anzusprechen. Schließlich konnte an verschiedenen Beispielen die öffentliche Meinung dargestellt werden (Kap. 3.6.).

Die Frage, ob die Entnazifizierung in Remscheid wesentlich anders verlaufen ist als in anderen Gemeinden Nordrhein-Westfalens, kann aufgrund der vorliegenden Ergebnisse vorläufig[301] verneint werden. Die Unterschiede liegen, soweit sie feststellbar sind, in einem geringfügig unterschiedlichen zeitlichen Verlauf. In Bezug auf die Beurteilung wurde festgestellt, dass in Remscheid insgesamt überdurchschnittlich milde

---

[301] Es liegen nur wenige Untersuchungen für einzelne Städte oder Kreise vor. Vgl. Kap. 1.3.2.

geurteilt worden ist (Kap. 2.5.). Dabei ist allerdings zu berücksichtigen, dass die vorliegenden Statistiken schon deshalb mit Vorsicht zu behandeln sind, weil der wirkliche Anteil der Entlasteten nicht aus ihnen hervorgeht.[302]

Eine andere Frage ist die, ob diese mildere Beurteilung einer im Vergleich zu anderen Orten weniger schlimmen NS-Vergangenheit Remscheids entspricht. Auch war die Stadt vor 1933 eine Hochburg der KPD. Die zur Beantwortung dieser Frage notwendige grundlegende Darstellung der Remscheider NS-Geschichte steht allerdings noch aus.

Die Ergebnisse der vorliegenden Untersuchung bieten Anknüpfungspunkte für weitere Fragen:

Die in Remscheid angesetzten Beurteilungskriterien und ihr Wandel könnten im Einzelnen noch genauer dargestellt werden, wenn sämtliche Personalakten durchgesehen würden. Dies würde etwa erlauben, das Sozialprofil der Betroffenen zu ermitteln. Weiter könnte die Sichtung der in England befindlichen Akten der örtlichen Militärverwaltung, speziell der Abteilung PSSB, genauen Aufschluss über die Rolle der britischen Besatzungsmacht liefern.

Zur Frage, ob die Entnazifizierung in Remscheid gescheitert ist, kann auf der Grundlage der vorliegenden Forschungsergebnisse lediglich festgestellt werden, dass einerseits am Ende der Entnazifizierung sämtliche Sanktionen aufgehoben wurden und die Betroffenen damit wieder die Möglichkeit hatten, in einflussreiche Stellungen zu gelangen oder politisch tätig zu sein. Auf der anderen Seite aber hat die Entnazifizierung viele Nationalsozialisten wenigstens für einige Zeit von der Mitwirkung ausgeschlossen und damit sicherlich zu einer günstigeren politischen Entwicklung verholfen. So hatten beispielsweise nach der Vorgabe der britischen Besatzungsmacht die Mitglieder der ersten Stadtvertretungen alle unbelastet zu sein. Um also zu ergründen, welche Wirkung die Entnazifizierung letztendlich hatte, könnte untersucht werden, wie sich die Biographie Remscheider Nationalsozialisten nach ihrer Überprüfung weiter gestaltet hat. Dies würde Aufschluss darüber geben, ob und wie viele ehemalige Nazis in welcher Weise politisch wieder aktiv wurden.

---

[302] Vgl. Kap. 2.5.3.

5. Abkürzungsverzeichnis

CDU	Christliche Demokratische Union
DAF	Deutsche Arbeitsfront
Gen.	Generalia
Gestapo	Geheime Staatspolizei
HastaD	Hauptstaatsarchiv Düsseldorf
Hg./hg.	Herausgeber/herausgegeben
HJ	Hitler-Jugend
KPD	Kommunistische Partei Deutschlands
NRW	Nordrhein-Westfalen
NS-	Nationalsozialistische/r/s
NSDAP	Nationalsozialistische Deutsche Arbeiterpartei
NSKK	Nationalsozialistisches Kraftfahrer-Korps
NSV	Nationalsozialistische Volkswohlfahrt
PSSB	Public Safety Special Branch (Abteilung der britischen Militärverwaltung)
SD	Sicherheitsdienst
Sign.	Signatur
SPD	Sozialdemokratische Partei Deutschlands
SS	Schutzstaffeln
StaRs	Stadtarchiv Remscheid

6. Quellen- und Literaturverzeichnis

6.1. Ungedruckte Quellen

6.1.1. Hauptstaatsarchiv Düsseldorf: Entnazifizierungsakten

Dazu: *Findbuch Entnazifizierung.* 3 Bde. Sign.: 412.01.1-3.

- NW 1000 (Regierungsbezirksausschuss Düsseldorf) Generalia 6, 91, 151, 252, 252, 291e
- NW 1017 (Hauptausschuss Stadtkreis Remscheid) Generalia (1-25) und Personalia
- NW 1022 (Hauptausschuss Stadtkreis Wuppertal) Generalia 112
- NW 1023 (Berufungsausschuss Regierungsbezirk Düsseldorf) Generalia 33 48a
- NW 1029 (Berufungsausschuss Stadtkreis Remscheid) Generalia (1-8)
- NW 1031 (Pensionsausschuss Regierungsbezirk Düsseldorf) Generalia 8
- NW 1037 (Der Sonderbeauftragte für Entnazifizierung) Generalia 19c, 51, 52, 82, 83, 171, 194/1, 228/6, 253d, 346
- Karteikästen Entnazifizierung Nr. 275-299

6.1.2. Stadtarchiv Remscheid

Dazu:
Findmittel zum Bestand D (Akten der Stadt Remscheid seit 1945).
Findmittel zum Bestand E (Protokolle)

- Bestand D 100 (Besatzungs- bzw. Verbindungsamt) Nr. 1, 4, 8, 9, 10, 13, 16, 26, 30, 47, 49, 55, 58, 60, 65, 66, 67, 68a, 68b, 70, 74, 87, 89, 91a, 91b, 94, 95, 99, 107, 108, 109, 110, 112, 114, 121a, 121b, 124, 133
- Bestand E (Protokolle) Nr. 66, 67, 291
- *Verwaltungsbericht der Stadt Remscheid 1945-1947.* Remscheid 1949.

6.1.3. Sonstige

- Tonbandinterview mit einem ehemaligen Mitglied des Remscheider Entnazifizierungs-Hauptausschusses vom 30.11.1988, durchgeführt von David Thompson. [Herr Thompson stellte mir freundlicherweise dieses Tonband zur Verfügung.]

6.2. Gedruckte Quellen

6.2.1. Lokalzeitungen im Stadtarchiv Remscheid

- Amtliches Mitteilungsblatt der Stadt Remscheid und aller in Remscheid ansässigen Behörden. 7.6.1945 bis 31.12.1949. Sign.: VO1 Nr. 74. [1948 fehlt im Bestand]
- Neue Rheinische Zeitung. Ausgabe B2. 1945-1946. Sign.: V1-40.
- Rheinische Post. Ausgabe B2. 2.3.1946 bis 30.11.1949. Sign.: VO2 Nr.1, 2. [1947 fehlt im Bestand]

6.2.2. Quellensammlungen

- Breidenbach, Armin: *Widerstand und Verfolgung in Remscheid 1933-1945. Eine Materialsammlung.* 3 Bde. Berlin 1987, 1989 und 1991. [Die Bände 2 und 3 dieser Loseblattsammlung enthalten Artikel zur Entnazifizierung aus den entsprechenden Lokalteilen der Zeitungen „Rhein-Echo" und „Freiheit" bzw. „Freies Volk"]
- Lange, Irmgard: *Entnazifizierung in Nordrhein-Westfalen. Richtlinien, Anweisungen, Organisation.* Siegburg 1976. [= *Veröffentlichungen der Staatlichen Archive des Landes Nordrhein-Westfalen*, hg. vom Hauptstaatsarchiv Düsseldorf, Reihe C, Bd.2]

6.3. Darstellungen

- Albrecht, Wilma: *Die Entnazifizierung.* In: Neue Politische Literatur 24 (1979) H.1, S.73-84.
- Dies.: *Die konservative Kritik an der Entnazifizierung. Eine Übersicht über die publizistische Auseinandersetzung.* In: Blätter für deutsche und internationale Politik 7 (1978), S.861-868.
- Bachof, Otto: *Die"Entnazifizierung".* In: Flitner, Andreas (Hg.): *Deutsches Geistesleben und Nationalsozialismus.* Tübingen 1965, S.195-216.
- Dirks, Walter: *Folgen der Entnazifizierung. Ihre Auswirkungen in kleinen und mittleren Gemeinden der drei westlichen Zonen.* Studie des Instituts für Sozialforschung 1953. In: Sociologica.

Festschrift für Max Horkheimer. Frankfurt/M 1955 1974 , S.445-470.

- Ettle, Elmar: *Die Entnazifizierung in Eichstätt. Probleme der politischen Säuberung nach 1945.* Diss. Phil. 1984. Frankfurt/M/Bern/New York 1985.

- Fait, Barbara: *Die Kreisleiter der NSDAP - nach 1945.* In: Broszat, Martin, Klaus-Dietmar Henke und Hans Woller (Hg.): *Von Stalingrad zur Währungsreform. Zur Sozialgeschichte des Umbruchs in Deutschland.* München 1988, S.213-299.

- FitzGibbon, Constantine: *Denazification.* London 1969.

- Friedmann, Wolfgang: *The Allied Military Government of Germany. London 1947.* [= Keeton, George W. und Georg Schwarzenberger: The Library of World Affairs No. 8]

- Fürstenau, Justus: *Entnazifizierung. Ein Kapitel deutscher Nachkriegspolitik.* Neuwied und Berlin 1969. [= *Politica. Abhandlungen und Texte zur politischen Wissenschaft.* Hg. von Wilhelm Hennis und Hans Maier. Bd. 40]

- Henke, Klaus-Dietmar und Hans Woller (Hg.): *Politische Säuberung in Europa. Die Abrechnung mit Faschismus und Kollaboration nach dem Zweiten Weltkrieg.* München 1991.

- Herz, John H.: *The fiasco of denazification in Germany.* In: Political Science Quarterly 63 (1948), S.569-594.

- Hüttenberger, Peter: *Entnazifizierung im öffentlichen Dienst Nordrhein-Westfalens.* In: Schwegmann, Friedrich G. (Hg.): *Die Wiederherstellung des Berufsbeamtentums nach 1945.* Düsseldorf 1986, S.47-64.

- Hüttenberger, Peter: *Nordrhein-Westfalen und die Entstehung seiner parlamentarischen Demokratie.* Siegburg 1973. [= Veröffentlichungen der Staatlichen Archive des Landes Nordrhein-Westfalen, Reihe C Bd. 1]

- Jones, Jill: *Eradicating Nazism from the British Zone of Germany: Early Policy and Practice.* In: German History 8 (1990) H.2, S.145-162.

- Knappstein, Karl Heinrich: *Die versäumte Revolution. Wird das Experiment der „Denazifizierung" gelingen?* In: Die Wandlung 2 (1947) H.8, S.663-677.

- Kogon, Eugen: Das Recht auf den politischen Irrtum. In: Frankfurter Hefte 2 (1947), S.641-655.
- Krüger, Wolfgang: *Entnazifiziert! Zur Praxis der politischen Säuberung in Nordrhein-Westfalen.* Wuppertal 1982.
- Lübke, Detlef: *Entnazifizierung in Lünen.* In: Niklowitz, Fredy und Wilfried Heß (Hg.): *Lünen 1918-1966. Beiträge zur Stadtgeschichte.* Lünen 1991, S.523-554.
- Meiser, Hans: *Der Nationalsozialismus und seine Bewältigung im Spiegel der Lizenzpresse der Britischen Besatzungszone von 1946-1949.* Phil. Diss. Osnabrück 1980.
- Marßolek, Inge: *Arbeiterbewegung nach dem Krieg (1945-1948) am Beispiel Remscheid, Solingen, Wuppertal.* Frankfurt/M/New York 1983.
- Naumann, Anke: *Kommunale Handlungsmöglichkeiten und städtische Aufbaupolitik in den ersten Nachkriegsjahren. Das Beispiel von Remscheid 1945-1948.* Magisterarbeit. Bochum 1993. [Im StaRs mit Sign.: REM 417 NAU]
- Sahrhage, Norbert: *„Entnazifizierung“ und „Wiedergutmachung“. Das Umgehen mit nationalsozialistischen Tätern und jüdischen Opfern im Landkreis Herford nach 1945.* In: *Opfer und Täter. Zum nationalsozialistischen und antijüdischen Alltag in Ostwestfalen-Lippe.* Hg. im Auftrag der Gesellschaft für christlich-jüdische Zusammenarbeit. Bielefeld 1990, S.203-234.
- Schick, Christa: *Die Internierungslager.* In: Broszat, Martin, Klaus-Dietmar Henke und Hans Woller (Hg.): *Von Stalingrad zur Währungsreform. Zur Sozialgeschichte des Umbruchs in Deutschland.* München 1988, S.301-325.
- Schneider, Ullrich: *Nach dem Sieg: Besatzungspolitik und Militärregierung 1945.* In: Foschepoth, Josef und Rolf Steiniger (Hg.): *Die britische Deutschland- und Besatzungspolitik 1945-1949.* Paderborn 1985, S.47-64.
- Thies, Jochen: *What is going on in Germany? Britische Militärverwaltung in Deutschland 1945/46.* In: Scharf, Claus und Hans-Jürgen Schröder (Hg.): *Die Deutschlandpolitik Großbritanniens und die Britische Zone 1945-1949.* Wiesbaden 1979, S.29-50.

- Thompson, David: *Entnazifizierung in Remscheid.* In: *Leben und Arbeiten früher in Remscheid.* Kalender 1991, Remscheid 1990.
- Turner, Ian: *Denazification in the British Zone.* In: Ders. (Hg.): *Reconstruction in Post-War Germany. British Occupation Policy and the Western Zones 1945-1955.* Oxford u.a. 1989, S.239-267.
- Vollnhals, Clemens (Hg.): *Entnazifizierung. Politische Säuberung und Rehabilitierung in den vier Besatzungszonen 1945-1949.* München 1991.
- Wember, Heiner: *Umerziehung im Lager. Internierung und Bestrafung von Nationalsozialisten in der britischen Besatzungszone Deutschlands.* Essen 1992. [= Behr, Hans-Joachim u.a. (Hg.): *Düsseldorfer Schriften zur Neueren Landesgeschichte und zur Geschichte Nordrhein-Westfalens.* Bd.30]
- Werum, Karin: *Die Entnazifizierung der Verwaltungsbeamten. Ein Beitrag zur Kontinuität der Bürokratie nach dem Ende des Dritten Reiches.* In: Demokratie und Recht 17 (1989), S.422-432.
- Wolff, Eberhard: *Entnazifizierung in Wuppertal. Ein Beitrag zur Durchführung der Entnazifizierung in der Britischen Zone.* Schriftliche Hausarbeit im Rahmen der Staatsprüfung für das Lehramt Sek. I. Wuppertal 1977. [Im HastaD mit Sign.: 77/535]

7. Anhang

I a-d   Vierseitiger Fragebogen des K. D. vom 3.12.1945. D. wollte als selbständiger Fotograf zugelassen werden und wurde deshalb überprüft. [Quelle: StaRs D100-110a.]

II   Empfehlung des Antifaschisten G. F. für K. D. (vgl. I a-d) vom 15.12.1945. [Quelle: StaRs D100-110a.]

III   Ladung eines Belastungszeugen durch den Berufungsausschuss Remscheid vom 19.2.1949. [Quelle: StaRs D100-109.]

IV   Auszahlungsanweisung durch den Berufungsausschuss Remscheid an die Stadthauptkasse vom 2.10.1948 für das Zeugengeld eines (vom Berufungsausschuss geladenen) Belastungszeugen. [Quelle: StaRs D100-109.]

V   Deutsche Fassung des Entlassungsbefehls der Stadt Remscheid an C. B. vom 23.11.1946. [Quelle: D100-91b.]

VI a/b   Einreihungsbescheid des Fabrikanten D. M. in die Kategorie III mit Beschäftigungsbeschränkung 4 vom 16.8.1948. [Quelle: StaRs D100-55.]

VII a/b   Einreihungsbescheid nach Berufung des Fabrikanten D. M. (vgl. VI a/b) in Kategorie IV ohne Vermögenssperre vom 29.1.1949. [Quelle: StaRs D100-55.]

VIII   Muster eines Entlastungszeugnisses für die Entlasteten in Kategorie V. [Quelle: StaRs D100-94.]

IX a   Bericht des „Rhein-Echo" vom 10.2.1948 über die Verhandlung im Hauptentnazifizierungsausschuss Remscheid gegen den ehemaligen Remscheider Gestapoleiter Beckers. [Aus der Sammlung von Armin Breidenbach: *Widerstand und Verfolgung in Remscheid 1933-1945. Eine Materialsammlung.* Bd. 3, Berlin 1991.]

IX b   Bericht der „Freiheit" vom 13.2.1948 über die Verhandlung im Hauptentnazifizierungsausschuss Remscheid gegen den ehemaligen Remscheider Gestapoleiter Beckers. [Aus der Sammlung von Armin Breidenbach: *Widerstand und Verfolgung in Remscheid 1933-1945. Eine Materialsammlung.* Bd. 2, Berlin 1989.]

MILITARY GOVERNMENT OF GERMANY
FRAGEBOGEN
PERSONNEL QUESTIONNAIRE

MG/PS/G/9

WARNUNG. Im Interesse von Klarheit ist dieser Fragebogen in deutsch und englisch verfaßt. In Zweifelsfällen ist der englische Text maßgeblich. Jede Frage muß so beantwortet werden, wie sie gestellt ist. Unterlassung der Beantwortung, unrichtige oder unvollständige Angaben werden wegen Zuwiderhandlung gegen militärische Verordnungen gerichtlich verfolgt. Falls mehr Raum benötigt ist, sind weitere Bogen anzuheften.

WARNING. In the interests of clarity this questionnaire has been written in both German and English. If discrepancies exist, the English will prevail. Every question must be answered as indicated. Omissons or false or incomplete statements will result in prosecution as violations of military ordinances. Add supplementary sheets if there is not enough space in the questionnaire.

A. PERSONAL
PERSONNEL

Name / Name — Zuname / Surname: D▇▇▇▇▇▇   Vornamen / Middle name Christian Name: K▇▇▇▇▇   Ausweiskarte Nr. / Identy Card No.: 094748

Geburtsdatum / Date of birth: 15. Oktober 1905   Geburtsort / Place of birth: Remscheid

Staatsangehörigkeit / Citizenship: Deutsch   Gegenwärtige Anschrift / Present address: Remscheid, ▇▇▇▇▇str.▇

Ständiger Wohnsitz / Permanent Residence: Remscheid   Beruf / Occupation: Fotograf

Gegenwärtige Stellung / Present position: selbständig   Stellung, für die Bewerbung eingereicht / Position applied for: selbständig

Stellung vor dem Jahre 1933 / Position before 1933: O▇▇▇ F▇▇ G.b.H. Solingen

B. MITGLIEDSCHAFT IN DER NSDAP
B. NAZI PARTY AFFILIATIONS

1. Waren Sie jemals ein Mitglied der NSDAP? — Nein: nein
Have you ever been a member of the NSDAP? No

Daten

2. Haben Sie jemals eine der folgenden Stellungen in der NSDAP bekleidet?
Have you ever held any of the following positions in the NSDAP?

REICHSLEITER, oder Beamter in einer Stelle, die einem Reichsleiter unterstand? Nein: Nein
Titel der Stellung ____ Daten ____
REICHSLEITER or an official in an office headed by any Reichsleiter? yes, no; title of position; dates. No

(b) GAULEITER, oder Parteibeamter innerhalb eines Gaues? Nein: Nein
Daten ____ Amtsort ____
GAULEITER or a Party official within the jurisdiction of any Gau? yes, no; dates; location of office. No

(c) KREISLEITER, oder Parteibeamter innerhalb eines Kreises? Nein: Nein
Titel der Stellung ____ Daten ____ Amtsort ____
KREISLEITER or a Party official within the jurisdiction of any Kreis? yes, no; title of position; dates; location of office. No

(d) ORTSGRUPPENLEITER oder Parteibeamter innerhalb einer Ortsgruppe? Nein: Nein
Titel der Stellung ____ Daten ____ Amtsort ____
ORTSGRUPPENLEITER or a Party official within the jurisdiction of an Ortsgruppe? yes, no; title of position; dates; location of office. No

(e) Ein Beamter in der Parteikanzlei? Nein: Nein
Titel der Stellung ____ Daten ____
An official in the Party Chancellery? yes, no; dates; title of position. No

(f) Ein Beamter in der REICHSLEITUNG der NSDAP? Nein: Nein
Titel der Stellung ____ Daten ____
An official within the Central NSDAP headquarters? yes, no; dates; title of positions. No

(g) Ein Beamter im Hauptamte für Erzieher? Im Amte des Beauftragten des Führers für Ueberwachung der gesamten geistigen und weltanschaulichen Schulung und Erziehung der NSDAP? Ein Direktor oder Lehrer in irgend einer Parteiausbildungsschule? Nein: Nein
Titel der Stellung ____ Daten ____ Name der Einheit oder Schule ____
An official within the NSDAP's Chief Education Office? In the office of the Führer's Representative for the Supervision of the Entire Intellectual and Politico-philosophical Education of the NSDAP? Or a director or instructor in any Party training school? yes, no; dates; title of position; name of unit or school. No

(h) Waren Sie Mitglied des KORPS DER POLITISCHEN LEITER? Nein: Nein
Daten der Mitgliedschaft
Were you a member of the CORPS OF POLITISCHE LEITER? yes, no; dates of membership. No

(i) Waren Sie ein Leiter oder Funktionär in irgend einem anderen Amte, Einheit oder Stelle (ausgenommen sind die unter C unten angeführten Gliederungen, angeschlossenen Verbände und betreuten Organisationen der NSDAP)? Nein: Nein
Titel der Stellung ____ Daten ____
Were you a leader or functionary of any other NSDAP offices or units or agencies (except Formations, Affiliated Organizations and Supervised Organizations which are covered by questions under C below)? yes, no; dates; title of position. No

(j) Haben Sie irgend welche nahe Verwandte, die irgend eine der oben angeführten Stellungen bekleidet haben? Nein: Nein
Wenn ja, geben Sie deren Namen und Anschriften und eine Bezeichnung deren Stellung ____
Have you any close relatives who have occupied any of the positions named above? yes, no; if yes, give the name and address and a description of the position. No

C. TÄTIGKEITEN IN NSDAP HILFSORGANISATIONEN
C. NAZI "AUXILIARY" ORGANIZATION ACTIVITIES

Geben Sie hier an, ob Sie ein Mitglied waren und in welchem Ausmaße Sie an den Tätigkeiten der folgenden Gliederungen, angeschlossenen Verbände und betreuten Organisationen teilgenommen haben:

Indicate whether you were a member and the extent to which you participated in the activities of the following Formations, Affiliated Organizations or Supervised Organizations:

	Mitglied Member		Dauer der Mitgliedschaft Period of Membership	Amt oder Rang bekleidet Office or Rank held	Dauer Period
	Ja Yes	Nein No			
1. Gliederungen Formations					
(a) SS		Nein			
(b) SA		Nein			
(c) HJ		Nein			
(d) NSDStB		Nein			
(e) NSD		Nein			
(f) NSF		Nein			
(g) NSKK		Nein			
(·) NSFK		Nein			
2. Angeschlossene Verbände Affiliated Organizations					
(a) Reichsbund d. deut. Beamten		Nein			
(b) DAF einschl.	Ja	Ja	1935 – 1945		
(c) KdF		Nein			
(d) NSV	Ja		1936 – 1945		
(e) NSKOV		Nein			
(f) NSD Aerztebund		Nein			
(g) NS Lehrerbund		Nein			
(h) NS Rechtswahrerbund		Nein			
3. Betreute Organisationen Supervised Organizations					
(a) VDA		Nein			
(b) Deutsches Frauenwerk		Nein			
(c) Reichskolonialbund		Nein			
(d) Reichsbund deut. Familie		Nein			
(e) NS Reichsbund für Leibesübungen		Nein			
(f) NS Reichsbund deutscher Schwestern		Nein			
(g) NS Altherrenbund		Nein			
4. Andere Organisationen Other Organizations					
(a) RAD		Nein			
(b) Deutscher Gemeindetag		Nein			
(c) NS Reichskriegerbund		Nein			
(d) Deutsche Studentenschaft		Nein			
(e) Reichsdozentenschaft		Nein			
(f) DRK		Nein			
(g) «Deutsche Christenbewegung»		Nein			
(h) «Deutsche Glaubensbewegung»		Nein			

5. Waren Sie jemals Mitglied irgend einer nationalsozialistischen Organisation, die vorstehend nicht angeführt ist?
Xja̶........ Nein Nein

Were you ever a member of any NS organization not listed above? yes, no; name of organization; dates; title of position; location.   No

Name der
Organisation .... Daten................

Titel der
Stellung .... Ort................

6. Haben Sie jemals das Amt eines Jugendwalters in einer Schule bekleidet? J̶a̶....... Nein Nein

Did you ever hold the position of Jugendwalter in a school? yes, no.   No

7. Wurden Ihnen jemals irgendwelche Titel, Rang, Auszeichnungen oder Urkunden von einer der oben genannten Organisationen ehrenhalber verliehen oder seitens dieser andere Ehren zuteil? J̶a̶....... Nein Nein

Have you ever been the recipient of any titles, ranks, medals testimonials or other honors from any of the above organizations? yes, no. If so, state the nature of the honor, the date conferred, and the reason and occesion for its bestowel.   No

Falls ja, geben Sie an, was Ihnen verliehen wurde (Titel usw.) das Datum, den Grund und Anlaß für die Verleihung..............

D. SCHRIFTWERKE UND REDEN	**D. WRITINGS AND SPEECHES**

Verzeichnen Sie auf einem besonderen Bogen alle Veröffentlichungen von 1923 bis zum heutigen Tage, die ganz oder teilweise von Ihnen geschrieben, gesammelt oder herausgegeben wurden und alle Ansprachen und Vorlesungen, die Sie gehalten haben; der Titel, das Datum und die Verbreitung oder Zuhörerschaft sind anzugeben. Ausgenommen sind diejenigen, die ausschließlich technische, künstlerische und unpolitische Themen zum Inhalt hatten. Wenn Sie dies in Zusammenarbeit mit einer Organisation unternommen haben, so ist deren Name anzugeben. Falls keine, so schreiben Sie „Keine Reden oder Veröffentlichungen". **Keine Reden und Veröffentlichungen**

List on a separate sheet all publications from 1923 to the present which were written in whole or in part, or compiled, or edited by you, and all addresses or lectures made by you, except those of a strictly technical or artistic and non-political character, giving title, date and circulation or audience. If they were sponsored by any organization, give its name. If none, write «No speeches or publications».

E. DIENSTVERHÄLTNIS	**E. EMPLOYMENT**

Alle Ihre Dienstverhältnisse seit 1. Januar 1930 bis zum heutigen Tage sind anzugeben. Alle Ihre Stellungen, die Art Ihrer Tätigkeit, der Name und die Anschrift Ihrer öffentlichen und privaten Arbeitgeber sind zu verzeichnen. Ferner sind anzuführen: Dauer der Dienstverhältnisse, Grund deren Beendigung, Dauer etwaiger Arbeitslosigkeit, einschließlich der durch Schulausbildung oder Militärdienst verursachten Postenlosigkeit.

Give a history of your employment beginning with January 1, 1930 and continuing to date, listing all positions held by you your duties and the name and address of your employer or the governmental department or agency in which you were employed, the period of service, and the reasons for cessation of service, accounting for all periods of unemployment, including attendance at educational institutions and military service.

Von / From	Bis / To	Anstellung / Position	Art der Tätigkeit / Duties	Arbeitgeber / Employer	Grund für die Beendigung des Dienstverhältnisses / Reasons for Cessation of Service
1927	1937	Schleifer	Schleifer	▉▉▉ ▉▉▉ Solingen	eigenen Wunsch
1937	1938	Schleifer	Schleifer	▉▉▉ ▉▉▉, Remscheid	eigenen Wunsch
1938	1945	Schleifer	Schleifer	▉▉▉ ▉▉▉, Remscheid	als Fotograf selbständig gemacht.

F. EINKOMMEN	**F. INCOME**

Verzeichnen Sie hier die Quellen und die Höhe Ihres Einkommens seit dem 1. Januar 1933.

Show the sources and amount of your annual income since January 1, 1933.

Jahr / year	Einkommensquellen / Sources of income	Betrag / Amount
1933	▉▉▉ ▉▉▉, Solingen als Schleifer	2800,—
1934	" " " " "	2800,—
1935	" " " " "	2500,—
1936	" " " " "	2800,—
1937	u. ▉▉▉ ▉▉▉ Remscheid	2900,—
1938	▉▉▉ ▉▉▉, Remscheid und ▉▉▉ ▉▉▉ Remscheid	3000,—
1939	▉▉▉ ▉▉▉, Remscheid als Schleifer	3000,—
1940	" " " " "	2700,—
1941	" " " " "	2500,—
1942	" " " " "	2800,—
1943	" " " " "	2600,—
1944	" " " " "	2500,—

G. MILITÄRDIENST	**G. MILITARY SERVICE**

Haben Sie seit 1919 Militärdienst geleistet? x**Ja** Nein **Nein**
In welcher Waffengattung? ______________ Daten ______________
Wo haben Sie gedient? ______________ Dienstrang ______________
Haben Sie in militärähnlichen Organisationen Dienst geleistet? Ja ______ Nein ______
In welchen? ______ Wo? ______ Daten ______
Sind Sie vom Militärdienste zurückgestellt worden? x**Ja**x Nein **Nein**
Wann? ______ Warum? ______
Haben Sie an der Militärregierung in irgend einem von Deutschland besetzten Lande einschließlich Oesterreich und Sudetenland teilgenommen? x**Ja**a Nein **Nein** Wenn ja, geben Sie Einzelheiten über bekleidete Aemter, Art Ihrer Tätigkeit, Gebiet und Dauer des Dienstes an

Have you rendered military service since 1919? yes, no. In which arm? Dates. Where did you serve? Grade or rank. Have you rendered service in para-military organizations? yes, no. In which ones? Where? Dates. Were you defered from military service? yes, no. When? Why?

No

No

Did yo serve as a part of the Military Government in any country occupied by Germany including Austria and the Sudetenland? yes, no. If so, give particulars of offices held, duties performed, territory and period of service.

No

H. AUSLANDSREISEN

Verzeichnen Sie hier alle Reisen, die Sie außerhalb Deutschlands seit 1933 unternommen haben.

H. TRAVEL ABROAD

List all journeys outside of Germany since 1933.

Besuchte Länder Countries visited	Daten Dates	Zweck der Reise Purpose of Journey
keine		

Haben Sie die Reise auf eigene Kosten unternommen? Ja _____ Nein _____ Falls nicht, unter wessen Beistand wurde die Reise unternommen? _____

Was journey made on your own account? yes, no. If not, under whose auspices was the journey made? Persons or organizations visited.

Besuchte Personen oder Organisationen _____

Haben Sie in irgend einer Eigenschaft an der Zivilverwaltung eines von Deutschland besetzten oder angeschlossenen Gebietes teilgenommen? xJx _____ Nein Nein Falls ja, geben Sie Einzelheiten über bekleidete Aemter, Art Ihrer Tätigkeit, Gebiet und Dauer des Dienstes an _____

Did you ever serve in any capacity as part of the civil administration of any territory annexed to or occupied by the Re yes, no. If so, give particulars of offices held, duties performed, territory and period of service.

No

I. POLITISCHE MITGLIEDSCHAFT

(a) Welcher politischen Partei haben Sie als Mitglied vor 1933 angehört? keiner _____

(b) Waren Sie Mitglied irgend einer verbotenen Oppositionspartei oder -gruppe seit 1933? xJx _____ Nein Nein

Welcher? _____ Seit wann? _____

(c) Waren Sie jemals ein Mitglied einer Gewerkschaft, Berufs-Gewerblichen oder Handelsorganisation, die nach dem Jahre 1933 aufgelöst und verboten wurde? Ja Ja Nein _____

(d) Wurden Sie jemals aus dem öffentlichen Dienste einer Lehrtätigkeit oder einem kirchlichem Amte entlassen, weil Sie in irgend einer Form den Nationalsozialisten Widerstand leisteten oder gegen deren Lehren und Theorien auftraten?

xJx _____ Nein Nein

(e) Wurden Sie jemals aus rassischen oder religiösen Gründen, oder weil Sie aktiv oder passiv den Nationalsozialisten Widerstand leisteten, in Haft genommen oder in Ihrer Freizügigkeit, Niederlassungsfreiheit oder sonst wie in Ihrer gewerblichen oder beruflichen Freiheit beschränkt? xJx _____ Nein Nein Falls ja, dann geben Sie Einzelheiten sowie die Namen und Anschriften zweier Personen an, die die Wahrheit Ihrer Angaben bestätigen können _____

I. POLITICAL AFFILIATIONS

Of what political party were you a member before 1933?

No

Have you ever been a member of any anti-Nazi underground party or groups since 1933? yes, no. Which one? Since when?

No

Have you ever been a member of any trade union or professional or business organization suppressed by the Nazis? yes, no.

Yes

Have you ever been dismissed from the civil service, teaching profession or ecclesiastical positions for active or passive resistance to the Nazis or their ideology? yes, no.

No

Have you ever been imprisoned, or have restrictions of m ment, residence of freedom to practice your trade or profession been imposed on you for racial or religious reasons or because of active or passive resistance to the Nazis? yes; no. If the answer to any of the above questions is yes, give particulars and the names and addresses of two persons who can attest to the truth of your statement.

No

J. ANMERKUNGEN

J. REMARKS

Die Angaben auf diesem Formular sind wahr.

The statements on this form are true.

Gezeichnet ▓▓▓▓▓
Signed

Datum
Date   Remscheid, den 3. Dezember 1945

Zeuge ▓▓▓▓▓
Witness

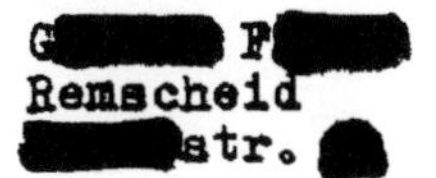

Remscheid, December 15th, 1945.

R E C O M M E N D A T I O N

I know Mr. K██ D██████████ as a good antifascist. During the reign of Nationalsocialism he has never gone over to the idea of Fascism.

Mr. D██████ follows the trade of photographer and needs only the permission of Military Government to carry on his trade.

I cannot but advocate his application and I would indeed be very glad if it could be made possible that a man, having never allowed himself to associate with ideas hostile to the people, may carry on his business according to his conviction.

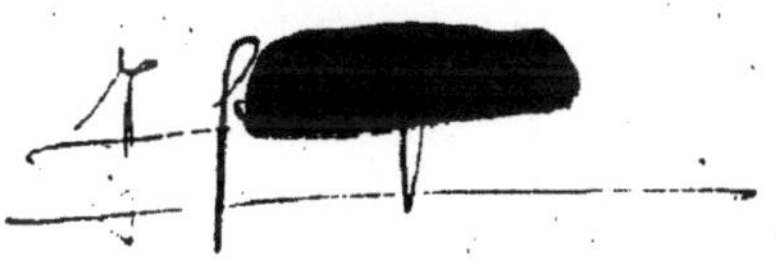

Remscheid, den 15.12. 45.

E m p f e h l u n g

Der Antragsteller Herr K██ D██████ ist mir als guter Antifaschist bekannt und ist während der Dauer der Herrschaft der Nationalsozialisten niemals zu der Idee des Faschismus übergegangen.

Er besitzt das Gewerbe für den Fotografischen Beruf zu dessen Ausführung er nur der Erlaubnis der Militärregierung bedarf.

Seiner Bitte kann ich mich nur anschliessen und würde mich freuen einem Manne der keine Volksfeindlichen Ideen gekannt, noch ausgeübt hat, die Möglichkeit gegeben würde, in seinem Sinne sein Gewerbe ausüben zu können.

Hochachtungsvoll

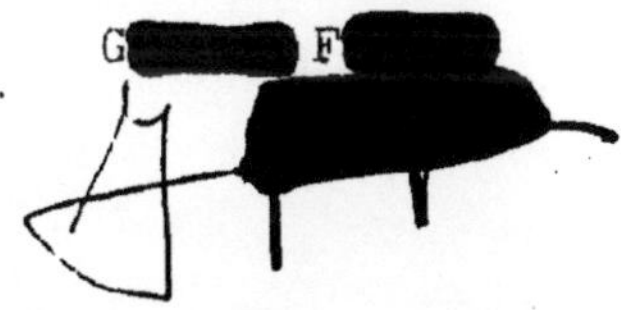

Berufungsausschuss   Remscheid, den 19.2.49 ....
Remscheid   Rathaus, Zimmer Nr.12

Es wird gebeten, die Ladung
zum Termin mitzubringen.

                        L a d u n g .
                        - - - - - - -

                                Kaufmann/Buchhalter W███. B██████ Wupper-
In der Entnazifizierungssache ....tal-Elberfeld, B███████str.
sollen Sie als Zeuge vernommen werden.
Sie werden daher
            zum Samstag, den 12.März 1949,   1o.3o Uhr
vor den Berufungsausschuss Remscheid, Rathaus, Zimmer Nr.12
geladen.
Verdienstausfall und Reiseauslagen werden auf Antrag nach Maßgabe
und im Rahmen der vom Sonderbeauftragten für die Entnazifizierung,
Düsseldorf, herausgegebenen Richtlinien ersetzt. Der Antrag muß
unmittelbar nach dem Termin bei dem Geschäftsführer des Ausschusses
gestellt werden. Der Geschäftsführer setzt die Entschädigung fest.
Gegen diese Festsetzung steht dem Zeugen das Recht zu, innerhalb
einer Woche seit Bekanntgabe der Festsetzung Beschwerde bei dem
zuständigen Ausschuss zu erheben.
Falls Sie beabsichtigen, die Reise zum Termin von einem anderen
Ort als von ......Remscheid........... aus anzutreten, so wollen Sie
sofort Nachricht geben, da Ihnen sonst Nachteile bei der Entschädigung entstehen können. Ebenso wollen Sie umgehend unter Darlegung der Hinderungsgründe Anzeige erstatten, wenn Sie aus sonstigen
dringenden Gründen zum Termin voraussichtlich nicht erscheinen
können. Erhalten Sie auf Ihre Anzeige keinen Bescheid, so müssen
Sie zum angegebenen Termin erscheinen.

                                    Berufungsausschuss
                                    Remscheid

Deutscher
Entnazifizierungs-Hauptausschuß
S. K. Remscheid

Remscheid, den 2. Okt. 1948
Uhlandstraße 1
Telefon 46490

Berufungsausschuss

Bei Rückantwort wird um Angabe des
obigen Aktenzeichens gebeten.

An

die Stadthauptkasse

Remscheid

Betr.: Entschädigung der Zeugen.

In der Entnazifizierungsangelegenheit des ▇▇▇ Dr. W▇▇▇ L▇▇▇

wohnhaft in __Remscheid__

war der Zeuge K▇▇▇ K▇▇▇

wohnhaft in __Hückeswagen__

von ~~der Spruchkammer~~ dem Berufungsausschuss

zur Verhandlung am 23. Juli 1948

als Zeuge geladen worden.

Dem Zeugen sind hierdurch folgende Unkosten entstanden:

a) Verdienstausfall	DM	7,38
b) Fahrtkosten	DM	3,2o
c) Aufwandsentschädigung	DM	3,00
d) Uebernachtungskosten	DM	-.-
e) Gesamtbetrag	DM	13,58

▇▇▇▇▇▇▇▇▇▇

Der Zeuge ist durch Rückerstattung der ihm entstandenen Unkosten gem.
Durchführungsbestimmungen zur Kostenordnung für das Entnazifizierungsverfahren zu entschädigen.

Der Vorsitzende des
Berufungsausschusses

▇▇▇
Rechtsanwalt

Der Oberstadtdirektor   Remscheid, den 23. November 1946
Amt 0207

ENTLASSUNGSBEFEHL

An   Herrn C██████ B██████

Remscheid - Lüttringhausen

1. Auf Grund der grundsätzlichen Anweisung Nr. 10 der Zone (Direktive des
Kontrollrats Nr. 24) vom 12.1.1946 erhalten Sie hiermit den Befehl, sofort
jedes öffentliche oder halböffentliche Amt, das Sie innehaben, niederzu-
legen und jede Verbindung mit Ihrem gegenwärtigen Arbeitsplatz sowie jede
Teilnahme oder direkten oder indirekten Einfluss in irgendeiner Wirt-
schaftsvereinigung oder anderen öffentlichen oder halböffentlichen Körper-
schaft von Handel oder Industrie oder in der Leitung oder Kontrolle irgendeiner anderen Firma, die Arbeitskräfte beschäftigt, aufzugeben. Die
Gründe sind folgende:
          NSDAP seit 1931 (Zellenleiter)
          SA-Scharführer 1931-1932

2. Es ist Ihnen nicht erlaubt, irgendeine neue Stellung privater oder öffent-
licher Art anzunehmen, ohne vorher Ihrem voraussichtlichen Arbeitgeber
dieses Schreiben vorzulegen und das obige Amt von der Stellung, die Sie
anzunehmen beabsichtigen, in Kenntnis zu setzen.

3. Sie haben sich innerhalb einer Woche bei Ihrem zuständigen Arbeitsamt
unter Vorlage dieses Schreibens sowie Ihrer Meldekarte, falls Sie eine
besitzen, zu melden.

4. Die Bestimmungen der Allgemeinen Anordnung Nr. 4 vom 1. Dez. 1945 auf
Grund des Gesetzes der Mil.Reg. Nr. 52 und die Ihnen hiernach obliegen-
den Verpflichtungen einschliesslich der Ausfüllung des Formulars MGAF (1)
der Finanzabteilung der Mil.Reg. sind von Ihnen zu beachten.

5. Es steht Ihnen frei, gegen diesen Befehl über Ihren deutschen Kreis-
Denazifizierungsausschuss Berufung einzulegen. Es wird jedoch darauf hingewiesen, dass dieser Befehl sofort in Kraft tritt, und Sie diesem nachzu-
kommen haben ungeachtet dessen, ob Sie dagegen Berufung einlegen wollen
oder nicht.

6. Sie haben den Empfang dieses Schreibens durch Ihre Unterschrift auf der
anliegenden Empfangsbestätigung zu bescheinigen.

7. Jeder Verstoss gegen diesen Befehl wird als Verletzung von Verordnungen
der Mil.Reg. gerichtlich verfolgt.

I. A.

Erledigt am 12.9.1946

Militärregierung Deutschland
(Britisches Kontrollgebiet)

Der Sonderbeauftragte
für die Entnazifizierung im Lande
Nordrhein-Westfalen

EINREIHUNGSBESCHEID
(Kategorien III und IV)

Geschäftsnummer ......RE/ 24063/0-42/637......

Datum ......16. Aug. 1948......

"An" (vollständiger Vor- und Zuname) ...... ████████ ████████ ...... geboren 24.1885

Anschrift ......Remscheid, Bennertstr. ████......

Beruf ......Fabrikant......

1. Hiermit werden Sie davon in Kenntnis gesetzt, daß Sie von dem deutschen Entnazifizierungsausschuß in ......Remscheid......, nach Prüfung Ihres Falles gemäß Kontrollrats-Anweisung
Nr. 24 bzw. früheren Anweisungen, in die KATEGORIE .... der Anlage 1 zur Verordnung
Nr. 79 der Militärregierung eingereiht und Ihnen die nachstehenden Beschäftigungsbeschränkungen
auferlegt worden sind:

Beschäftigungsbeschränkung	
In obiger Stellung zu belassen [ist] verboten, eine leitende oder aufsichtsführende Stellung zu bekleiden, oder eine Tätigkeit aus- zuüben, die den Empfang einer Ausbildung in einer Berufsvereinigung oder in einem öffent- lichen oder halböffentlichen Betriebe oder einem be- deutenden Privatunternehmen mit sich bringt.	a) bei Personen in Kategorie III kurze Angabe derjenigen Stellungen im öffentlichen oder halböffentlichen Dienst oder in bedeutenden Privat- unternehmungen, deren Inne- habung untersagt ist.
......Unterschrift......	b) bei Personen in Kategorie IV ist an dieser Stelle anzu- geben, ob Eigentum und Kon- ten zu sperren sind; Be- schäftigungsbeschränkungen bestehen nicht.
......Datum......	

2. Obige Entscheidung beruht auf folgenden Gründen, die sich aus Ihrer früheren Betätigung ergeben:

(Angaben über Parteizuge-
hörigkeit und sonstige Be-
tätigung zugunsten des Nati-
onalsozialismus)

......NSDAP., 1933-45, (Blockleiter 2 Monate), DAF. 1934-45,
N.S.V. 1936-45, SA-Reserve 1933......

3. (a) Sofern die Prüfung Ihres Falles nach Maßgabe der Kontrollrats-Anweisung Nr. 24 gleichzeitig mit Ihrer
Einreihung stattgefunden hat und Sie in die Kategorie III eingereiht worden sind, steht Ihnen das
Recht der Berufung bei einem deutschen Überprüfungsausschuß gegen Ihre Entfernung bzw. Ihren
Ausschluß vom Amte zu.

(b) Sofern die Prüfung Ihres Falles nach Maßgabe der Kontrollrats-Anweisung Nr. 24 oder früherer Anweisungen vor Ihrer Einreihung stattgefunden hat und Sie nicht bereits unmittelbar bei einem
deutschen Überprüfungsausschuß gegen Ihre Entfernung bzw. Ihren Ausschluß vom Amte Berufung
eingelegt haben, steht Ihnen das Recht der Berufung bei einem deutschen Überprüfungsausschuß gegen
Ihre Einreihung zu.

4. (a) Sofern Sie von einem Ihnen nach obiger Ziffer 3 zustehenden Berufungsrechte Gebrauch zu machen
beabsichtigen, hat dies durch eine binnen 2 Wochen seit Zugehen dieses Bescheides bei dem deutschen
Entnazifizierungsausschuß / beim deutschen Überprüfungsausschuß in ....
einzureichende Berufungsschrift zu geschehen. Die Berufung kann nur auf Einwendungen
in obiger Ziffer 2 zur Begründung Ihrer Entfernung / Ihres Ausschlusses vom Amte / Ihrer Einreihung

x) den Sonderbeauftragten

gemachten Tatsachenfeststellungen gestützt werden. Es wird darauf hingewiesen, daß der Überprüfungsausschuß befugt ist, der Militärregierung Ihre Einreihung in eine höhere Kategorie oder eine Verschärfung der Ihnen auferlegten Beschäftigungsbeschränkungen zu empfehlen. Die Kosten einer erfolglosen Berufung fallen Ihnen zur Last.

(b) Falls Sie keine Berufung einzulegen beabsichtigen oder Ihnen überhaupt kein Berufungsrecht zusteht, haben Sie sich binnen zwei Wochen seit Zugehen dieses EINREIHUNGSBESCHEIDES unter Vorlage desselben, Ihres PERSONALAUSWEISES (sowie von fünf Abzügen eines aus neuerer Zeit stammenden Lichtbildes von Ihnen bei der deutschen Polizeibehörde in .... zu melden, bei der eine Eintragung gemacht und Ihnen ein polizeiliches Meldebuch ausgehändigt werden wird.

VERMERK: Die Größe jedes Lichtbildes hat 7 cm × 5 cm zu betragen. Die linke Hälfte des Bildes hat Ihr Gesicht von vorn, die rechte Hälfte hat es im Profil zu zeigen.

5. Im Falle Ihrer Einreihung in Kategorie III dürfen Sie unter keinen Umständen, außer mit ausdrücklicher Zustimmung der Militärregierung, eine der für Sie nach obiger Ziffer 1 verbotenen Stellungen innehaben. Nur unter Vorlage Ihres polizeilichen Meldebuches dürfen Sie sich in irgendeiner Besatzungszone um eine Stellung bewerben oder eine solche annehmen. Bis zur Ausstellung Ihres polizeilichen Meldebuches haben Sie an dessen Stelle diesen Bescheid vorzulegen.

Vorsitzender

Public Safety (Special Branch)

EMPFANGSBESTÄTIGUNG

Hierdurch bestätige ich den Empfang einer Ausfertigung obigen Bescheides.

Unterschrift ....

Datum ....

ZUSTELLUNGSURKUNDE

Der Unterzeichnete bescheinigt hiermit die Zustellung einer Ausfertigung obigen Bescheides an die darin benannte Person (in großen Druckbuchstaben einzusetzen)

persönlich am .... 19....

Unterschrift des zustellenden Beamten

Militärregierung-Deutschland
x (Britisches Kontrollgebiet)

Der Sonderbeauftragte für die
Entnazifizierung in
Nordrhein-Westfalen

EINREIHUNGSBESCHEID
(NACH BERUFUNG)
Kategorien III und IV

Geschäftsnummer RE/24o63/G42/63

Datum 25. Januar 1949

An (vollständiger Vor- und Zuname) D▉▉▉ g ▉▉▉▉▉▉▉ geb. 13.4.1885

Anschrift ▉▉▉ Remscheid, Lenneperstr. ▉▉▉

Beruf ▉▉▉ Fabrikant

1. Hiermit werden Sie davon in Kenntnis gesetzt, daß Sie nach Anhörung Ihrer Berufung gegen Ihre Entfernung/Ausschließung/Einreihung durch den deutschen Überprüfungsausschuß in Remscheid in die Kategorie IV der Anlage 1 zur Verordnung Nr. 79 der Militärregierung eingereiht und Ihnen die nachstehenden Beschäftigungsbeschränkungen auferlegt worden sind:

Eigentum und Konten sind nicht zu sperren.

a) bei Personen in Kategorie III kurze Angabe derjenigen Stellungen im öffentlichen Dienst oder in bedeutenden Privatunternehmungen, deren Innehabung untersagt ist.

b) bei Personen in Kategorie IV ist an dieser Stelle anzugeben, ob Eigentum und Konten zu sperren sind; Beschäftigungsbeschränkungen bestehen nicht.

2. Sie haben sich binnen 2 Wochen seit Zugehen dieses EINREIHUNGSBESCHEIDES unter Vorlage desselben, Ihres PERSONALAUSWEISES sowie von fünf Abzügen eines aus neuerer Zeit stammenden Lichtbildes von Ihnen bei der deutschen Polizeibehörde Remscheid, Uhland.str.1 Zim.107 zu melden, bei der eine Eintragung gemacht und Ihnen ein polizeiliches Meldebuch ausgehändigt werden wird.

VERMERK: Die Größe jedes Lichtbildes hat 7 cm x 5 cm zu betragen. Die linke Hälfte des Bildes hat Ihr Gesicht von vorn, die rechte Hälfte hat es im Profil zu zeigen.

3. Im Falle Ihrer Einreihung in Kategorie III dürfen Sie unter keinen Umständen, außer mit ausdrücklicher
   Zustimmung + eine der für Sie nach obiger Ziffer 1 verbotenen Stellungen innehaben.
   Nur unter Vorlage Ihres polizeilichen Meldebuches dürfen Sie sich in irgendeiner Besatzungszone um
   eine Stellung bewerben oder eine solche annehmen. Bis zur Ausstellung Ihres polizeilichen Meldebuches
   haben Sie an dessen Stelle diesen Bescheid vorzulegen.

   + des Sonderbeauftragten

Public Safety (Special Branch)

Rechtsanwalt

Remscheid, den 29. Januar 1949
____
Ortsangabe

Die Kosten betragen: DM 200.—

EMPFANGSBESTÄTIGUNG

Hierdurch bestätige ich den Empfang einer Ausfertigung obigen Bescheides.

____
Unterschrift

____
Datum

ZUSTELLUNGSURKUNDE

Der Unterzeichnete bescheinigt hiermit die Zustellung einer Ausfertigung obigen Bescheides an die darin
benannte Person. (in großen Druckbuchstaben einzusetzen)

in _____________________________

persönlich am _____________________________ 19____

____
Unterschrift des zustellenden Beamten

Polizeibehörde

PSS (HQ) 5039/2000M/3-47

Entlastungs-Zeugnis
(Clearance Certificate)

Hiermit wird bescheinigt, daß
(It is hereby certified that)

Name (buchstabiert) ....

Wohnhaft ....

....

Personalausweis Nr. ....

unter den Bestimmungen der Verordnung Nr. 42 der Militärregierung
entlastet worden ist.
(Has been cleared under the provisions of Military Government Ordinance
No. 42.)

Datum ....

Ort ....

Stempel (Stamp)	Unterschrift .... (Signed) • Rank and Designation of Public Safety Officer. • Vorgesetzter der Denazifizierungskammer

* Bitte eine Unterschrift zu streichen.   (Delete which ever does not apply.)

PDU. CCG. 1014 3,000,000 9.46*

Einstufung erfolgte in Gruppe III/1

Gestapoleiter Beckers vor der Spruchkammer — Ein gerechtes Urteil

Vor einer Remscheider Spruchkammer wurde am vergangenen Freitag der Fall H. Beckers verhandelt, der von vielen mit einer gewissen Spannung erwartet wurde. Beckers war Leiter der Gestaponebenstelle Remscheid in der Zeit von 1941 bis 43. Unter seiner Aera wurden aus Remscheid ca. 160 Juden in die verschiedensten Konzentrationslager verschleppt, von denen nach dem Zusammenbruch nur noch 20 zurückkehrten.

Beckers gab in eigener Sache an, schon bei Ausbruch des Krieges in einer gewissen Opposition dem Regime gegenüber gestanden zu haben. In Bekanntenkreisen wollte er offen Stellung gegen die Partei genommen haben, auch habe er sich in der Ausübung seines Berufes stets als Mensch gezeigt und versucht, zu helfen und zu mildern, wo er nur konnte.

Das Anklagematerial dagegen war belastend. Nur ein Beispiel: Während seiner Remscheider Amtszeit waren ihm bei einem Besuch in der Dünkeloh-Klinik defaitistische Aeußerungen einer Schwester zugetragen worden. Beckers greift diese Sache auf und übergab das Material einem Gericht, das die Schwester zu einem Jahr Gefängnis verurteilte.

Der Entnazifizierungsausschuß war der berechtigten Ueberzeugung, daß solche Maßnahmen im krassen Widerspruch zu seiner angeblichen Opposition standen.

Die Entlastungszeugen und -zeugnisse entrollten eine andere Seite des Angeklagten. Priester und Dechanten stellten seine loyale Haltung gegenüber der Kirche fest. Weitere Zeugnisse nannten ihn einen Lebensretter, der ohne Kenntnis der Person aus reiner Menschlichkeit geholfen habe. In seinem Schlußwort bedauerte Becker seine Entgleisungen, die in hochgradiger Nervosität geschehen seien.

Das Urteil war seine Einstufung in Gruppe III/1, der schärfsten Form der Spruchfällung, die deutschen Spruchkammern zusteht. Sie schließt den Verzicht auf Pensionen und führenden und leitenden Stellen in sich ein. Die Kammer vertrat die Ansicht, daß nur die Entlastungszeugnisse Beckers vor eine Ueberweisung an ein Gericht gerettet hätten, denn der Fall grenze an Verbrechen gegen die Menschlichkeit.

Rhein-Echo vom 10.2.1948

Selbst die Gestapo stand „unter Druck"

Ehemaliger Leiter der Remscheider Gestapo vor dem Entnazifizierungsausschuß

Vor dem Entnazifizierungsausschuß, Spruchkammer II, stand am 6. 2. 1948 der ehemalige Leiter der Remscheider Gestapo von 1941—1943, Beckers.

Um es gleich zu sagen: Es ist eine Lücke im Gesetz, denn für diese Spezialisten Himmlers, die über Tod und Leben der Bevölkerung den Stab brachen und sie ohne Gericht und Rechtsbasis in die KZ.s und Gefängnisse brachten, besteht keine rechtliche Handhabe, um sie für ihre strafbaren Handlungen belangen zu können.

Beckers, ein Mann in den fünfziger Jahren, begann 1918 bei der Kriminalpolizei seine Laufbahn. Er schwur den Eid auf die Weimarer Verfassung, stand, wie er sagte, der SPD. nahe, brach aber 1933 mit allem und machte sich an die Verfolgung derjenigen, die ihrer demokratischen Auffassung treu geblieben waren. Aus der Verhandlung ging nicht hervor, welche Rolle er gespielt hat, bevor er nach Remscheid kam. Auf die Frage des Vorsitzenden, ob ihm der Weg Hitlers als richtig erschienen sei, sagte er, daß ihm schon bei Kriegsausbruch Bedenken gekommen seien. Diese Erkenntnis hielt ihn aber nicht ab, die Anweisungen „von oben", wie er sich ausdrückte, strengstens durchzuführen. So wurden unter seiner Regie in Remscheid 160 Juden, ehrwürdige Männer und Frauen mit ergrauten Haaren und Mütter mit ihren Kindern, verhaftet und in Auschwitz bis auf 20, die zurückkehrten, vergast und zu Tode gefoltert.

Frau Gebhard, Witwe eines höheren Beamten, die aus dem KZ. zurückkam, schilderte in großer Aufregung, mit welchen ominösen und gemeinen Schimpfworten sie von Beckers bei ihrer Verhaftung angebrüllt wurde, der sie „dreckiges Aas", „verrücktes Judenweib" usw. beschimpfte.

In der Fabrizius-Klinik

Weiter durchstöberte Beckers höchst persönlich von oben bis unten die Fabrizius-Klinik einschließlich der Klausur (die heiligsten Räume der dort tätigen katholischen Krankenschwestern), um die in Umlauf befindlichen Hirtenbriefe des Bischofs von Münster, Dr. von Galen, der sich von der Kanzel herunter gegen die Faschisten wandte, zu erhaschen. Die gemeinen Anbrüllungsmethoden fanden natürlich auch den Schwestern gegenüber Anwendung. Wie ein Tier wurde die Oberin durch das Haus gehetzt, so daß sie zuletzt in der Klausur Schutz suchte. Der Verfolger hatte aber kein Glück. Er fand die Briefe nicht.

In der Dünkeloh-Klinik

Beckers erfuhr durch seinen Sohn, der sich als Patient in der Klinik befand, daß die Nachtschwester A. Zöllner vor den Patienten ihre Abneigung gegen den Krieg und den Faschismus zum Ausdruck brachte. Diese Abneigung, die jeder vernünftige Mensch hatte, genügte Beckers, die Schwester zu verfolgen. Sie wurde zu einem Jahr Gefängnis verurteilt.

Auf die Frage des Vorsitzenden, wie sich dieser Vorfall mit seinem Bedenken gegen das System aus dem Jahre 1939 vereinbare, sagte Beckers: „Nur durch den Druck von oben" ! Er handelte also „unter Druck". Dies ist die übliche faule und erbärmliche Argumentation.

Auftretende Entlastungszeugen und eidesstattliche Erklärungen, sogar oder gerade aus religiösen Kreisen, wodurch Beckers auch in Haft befindlichen Personen Unterstützung angedeihen ließ, waren die Gründe, daß dieser Fall nicht den höheren Instanzen übergeben wurde. Beckers wurde in Stufe III/1 eingestuft.

Diese Eingruppierung kann keinesfalls die ungeheuerlichen Methoden, die von den Gestaposchergen angewandt wurden, wiedergutmachen, noch als ausreichende Sühne betrachtet werden.

Dieser Fall aus der Geschichte der Remscheider Polizei sollte für die Bevölkerung ernster Anlaß sein, den Aufbau und die personelle Eignung unserer Polizeiorgane mit ganz besonderer Aufmerksamkeit zu verfolgen.

R.